QUÉBEC INC.
ET LA TENTATION DU DIRIGISME

Données de catalogage avant publication (Canada)

Arbour, Pierre, 1935-

Québec inc. et la tentation du dirigisme

ISBN 2-89019-270-9

1. Investissements publics - Québec (Province).   2. Caisse de dépôt et placement du Québec.   3. Québec (Province) - Politique économique.   4. Sociétés d'État - Québec (Province).   5. Entre-prises publiques - Québec (province).   I. Titre

HC117.Q4A72 1993   332.6'7252'09714   C93-097116-7

Pour recevoir notre catalogue complet, il suffit de nous en adresser la demande à l'adresse suivante :
L'Étincelle éditeur, C.P. 702, Outremont, QC, Canada H2V 4N6

Pierre Arbour

QUÉBEC INC .
et la tentation du dirigisme

L'ÉTINCELLE ÉDITEUR
MONTREAL–PARIS

DIFFUSION :

Canada—
Dimédia, 539 Boulevard Lebeau, St-Laurent, QC
☎ [514] 336-3941 FAX 331-3916

France-Belgique—
Quorum Magnard Diffusion,
5, boulevard Marcel-Pourtout
92500 Rueuil-Malmaison
☎ 47.49.59.99 FAX 47.14.97.92
Distribution Dilisco

Suisse—
Diffulivre, 37 rue des Jordils,
1050 St-Sulpice
☎ [21] 691-5331 FAX 691-5330

ISBN 2-89019-270-9
Copyright © 1993, l'Étincelle éditeur
Dépôt légal 3e trimestre,
Bibliothèque nationale du Canada
Bibliothèque nationale du Québec,
Bibliothèque nationale (Paris),
Bibliothèque royale (Belgique)

1 2 3 4 5 93 94 95

À ma fille Christine,
et à ma femme Chantal,
dont l'aide m'a été précieuse

Sommaire

Liste des tableaux

PRÉFACE

APRÈS AVOIR DIRIGÉ LE PORTEFEUILLE ACTIONS de la Caisse de dépôt et placement et effectué son premier investissement en actions au début de 1967, j'ai connu les années fructueuses sous la direction de Claude Prieur, alors président de la Caisse, qui malheureusement est décédé subitement en 1973. J'ai oeuvré aussi pendant quelques années sous la présidence de Marcel Cazavan, ancien sous-ministre des Finances à Québec, qui a amorcé une liaison plus étroite entre la Caisse et le gouvernement, surtout à partir de 1977, lorsque Jacques Parizeau est devenu titulaire du poste de ministre des Finances.

En 1976, j'ai eu la responsabilité d'agir dans les regroupements d'entreprises en tant que directeur conseil en investissement corporatifs de la Caisse de dépôt. J'ai été l'initiateur de l'acquisition de M. Loeb par Provigo en 1978 et de la fusion subséquente de sa filiale Horne & Pitfield d'Edmonton avec Market Wholesale de Californie. Finalement, j'ai également été impliqué dans plusieurs dossiers délicats, dont Gaz Métropolitain-Norcen, Québecair, Asbestos Corporation et Campeau Corporation.

En mai 1979, j'ai pensé qu'il était temps de faire le saut de la Caisse de dépôt à l'entreprise privée. J'ai créé ma propre entreprise spécialisée en investissements pétroliers, Alkebec inc, avec l'aide de Pierre Mercier, un ancien analyste de la Caisse de dépôt. J'étais loin de me douter des soubresauts politiques qui allaient secouer la Caisse quelques mois plus tard, en janvier 1980, lors de la nomination inattendue de Jean Campeau, qui allait amener la démission de tous les responsables des portefeuilles de la Caisse et de presque tous les portefeuillistes et analystes du portefeuille actions.

Pendant toutes ces années, j'ai eu l'occasion d'observer l'importance grandissante de la Caisse dans l'économie du Québec grâce aux millions qui y ont afflué. J'ai pu constater aussi que le pouvoir politique, surtout à partir de 1978, y avait une emprise importante et que les décisions d'investissement devenaient colorées par la politique. J'ai également eu l'occasion de lire un livre publié en 1989, *La Machine à milliards*, l'histoire de la Caisse de dépôt et placement du Québec, par Mario Pelletier.

Dans ce livre, on cite un extrait d'une lettre adressée au président de la Caisse de dépôt et écrite en 1978 par André Marier, nouvel administrateur de la Caisse et représentant politique du premier ministre, René Lévesque : «Les opérations qui ont été réussies jusqu'à maintenant (Provigo-Loeb et National Cablevision, par exemple) me semblent avoir été si peu nombreuses que je me demande si la Caisse n'a pas eu pour politique d'émietter ses participations le plus possible, comme pour faire sentir sa présence le moins possible. On n'arrivera pas à modifier fondamentalement la structure de l'industrie québécoise de cette façon.»

Les deux investissements cités par André Marier ont éventuellement généré des gains massifs pour la Caisse. En 1979, la Caisse de dépôt avait quadruplé en bourse sa mise initiale dans Provigo, soit de 6 $ millions à 24 $ millions. Quant à National Cablevison, le modeste investissement initial, fait en 1971 au montant de 3,2 $ millions, deviendra le géant Vidéotron grâce auquel la Caisse obtiendra des plus-values de l'ordre de 100 $ millions.

Peu de temps après, soit en 1980, la nouvelle administration de la Caisse a adopté avec enthousiasme cette ligne de pensée élaborée par André Marier, et probablement inspirée par Bernard Landry, ministre du cabinet Lévesque. Lors d'un entretien en septembre 1978 avec le journal *Le Soleil*, M. Landry «envisageait la possibilité de créer un organisme qui puisse utiliser l'argent de la Caisse d'une façon plus dynamique, plus interventionniste». On n'a pas eu besoin de créer de nouvel organisme, puisque la nouvelle administration de la Caisse de dépôt allait bientôt faire «sentir sa présence» d'une façon massive, laissant loin derrière les deux interventions initiales citées par André Marier, et qui avaient coûté ensemble moins de 10 $ millions des fonds de la Caisse.

Encouragé par mon éditeur, j'ai décidé de mettre sur papier mes pensées sur le sujet général et vaste de l'implication dans l'économie du Québec des sociétés d'État tant provinciales que municipales, sociétés qui drainent nos ressources sans que le citoyen mal informé puisse intervenir. J'ai passé de longues heures à analyser les rapports annuels et les communiqués de presse de nos grandes sociétés d'État et j'ai fait de nombreuses entrevues avec les intervenants ayant eu un rôle à jouer dans le capitalisme d'État. En me basant sur mes propres souvenirs, j'ai pu reconstituer les événements et en analyser les conséquences.

En écrivant ce texte, j'ai été poussé par le désir d'avertir la génération montante de la tentation du dirigisme, en montrant les résultats créés par près de trente ans d'interventions de l'État. C'est avec un certain malaise que je lance ce pavé dans la mare québécoise, pavé qui risque d'éclabousser notre image jusqu'au Canada anglais qui pourtant a été coupable de souvent pire.

Cependant, je considère important que la population sache ce qui a été fait à la Caisse de dépôt, particulièrement sous la responsabilité de Jean Campeau. Quant à Jacques Parizeau, qui a été capable de rallier à ses idées une succession de premiers ministres du Québec grâce à son éloquence et à son intelligence, il est le responsable ultime de la plupart des interventions faites par la Caisse de dépôt et par les sociétés d'État que je décris dans ce livre.

Un fil commun relie les actions de nos hommes politiques et celles des grands commis de l'État lorsqu'il s'agit d'investir nos épargnes : le désir sincère d'enrichir la collectivité par des investissements spectaculaires, sans doute pour compenser notre absence historique des leviers économiques, autrefois chasse gardée des anglophones. On veut inconsciemment imiter Paul Desmarais et on y réussit très mal. Malheureusement, celui qui y perd n'est pas un actionnaire privé et fortuné, mais plutôt la collectivité québécoise qui s'en trouve ainsi appauvrie.

J'ai cru bon aussi de faire une évaluation des programmes de subventions ainsi que des abris fiscaux les plus populaires, de façon à faire réfléchir les intervenants.

De plus, à la lumière de mon expérience comme administrateur dans la petite entreprise ainsi que dans la très grande, je traite de certains abus capitalistes et bureaucratiques que la société devra confronter.

Enfin, je livre mes réflexions sur une autre sorte de dirigisme, le dirigisme linguistique, qui demeure l'une des raisons de l'appauvrissement du Québec qui, en tant que pays francophone, est à un stade critique de son développement.

DIRIGISME :

*«Système économique dans lequel
l'État assume la direction
des mécanismes économiques,
d'une manière provisoire
et en conservant les cadres
de la société capitaliste»*

(Petit Robert)

CHAPITRE I
LA CAISSE DE DÉPÔT ET PLACEMENT

À LA SUITE DU SUCCÈS SPECTACULAIRE de l'économie japonaise de l'après-guerre, grâce au partenariat du ministère de l'Économie, des banques et des grands industriels japonais des années soixante-dix, certains journalistes québécois ont décelé un parallèle entre cette réussite et ce que le Québec tentait de faire. À la fin des années 1980, ce parallèle a donné naissance à l'expression Québec inc.

On espérait sans doute créer le même type de partenariat entre certains de nos industriels les plus dynamiques, les différents ministères québécois impliqués dans l'économie et les grandes sociétés d'État, avec en tête de liste la Caisse de dépôt et placement du Québec.

LA CAISSE DE DÉPÔT ET PLACEMENT :
PROFIL ET MISSION

«Créée en 1965 par une loi de l'Assemblée nationale, la Caisse de dépôt et placement du Québec investit, à titre de gestionnaire de portefeuille, les fonds qui proviennent de caisses de retraite, de régimes d'assurance et de divers organismes publics. Sa mis-

*sion consiste à réaliser un rendement financier opti-
mal, et à contribuer par son action au dynamisme de
l'économie du Québec, tout en veillant à la sécurité
des capitaux sous sa gestion. La Caisse, dont la prin-
cipale place d'affaires se situe à Montréal, un important centre financier, se classe parmi les plus grandes
institutions financières en Amérique du Nord et vient
au premier rang des gestionnaires de fonds au Canada.»*[1]

*«Je puis vous affirmer que, dans l'esprit de ses
concepteurs, celle-ci (la Caisse de dépôt et placement
du Québec) devait aller bien au-delà de la simple
gestion efficace des sommes mises en dépôt chez elle
et être l'instrument privilégié de la transformation à
long terme des structures industrielles du Québec.»*[2]

*«La Société de développement industriel a toujours
eu pour mission de favoriser le développement économique du Québec. Principal bras financier du gouvernement en matière d'intervention économique, la
société a participé au développement et à la modernisation d'une grande partie de la structure industrielle du Québec.»*[3]

---

1   Extrait du *Rapport annuel 1992*, Caisse de dépôt de placement
    du Québec.
2   Extrait d'une lettre adressée le 17 mars 1978 à Marcel Cazavan,
    alors président et directeur de la Caisse de dépôt, par André
    Marier, conseiller du premier ministre René Lévesque et
    administrateur de la Caisse de dépôt.
3   Extrait du rapport annuel 1991-1992 de la Société de
    développement industriel du Québec.

Nous avons, d'une part, la mission de la Caisse de dépôt qui est clairement définie dans son rapport annuel de 1992 et qui va dans le sens de la mission originale fixée par les dirigeants de la Caisse de dépôt en 1966 et, d'autre part, telle que citée dans la lettre du 17 mars 1978 d'André Marier, nous avons eu une nouvelle mission qu'a imposé le pouvoir politique à la suite de l'avènement de Jean Campeau à la direction de la Caisse en 1980. Enfin, nous avons la mission de la Société de développement industriel, telle qu'établie dans son rapport annuel et qui ressemble étrangement à celle qu'on a réalisé entre 1980 et 1990 à la Caisse de dépôt. On a assisté à une confusion majeure d'objectifs entre deux sociétés d'État, avec les résultats que nous allons bientôt voir.

MA CARRIÈRE À LA CAISSE

J'ai rencontré vers le mois de février 1963 Jacques Parizeau, qui était alors professeur à l'École des hautes études commerciales (H.E.C.) Lors d'une discussion animée au sujet de la difficulté que le Québec avait de vendre ses titres obligataires dans le reste du pays, il m'a demandé si je pouvais lui communiquer ce que j'apprenais sur le financement de la dette publique du Québec et de l'Hydro-Québec, puisque je travaillais à ce moment-là sur la rue Saint-Jacques comme analyste financier.

Jacques Parizeau était entre temps devenu conseiller spécial auprès du gouvernement Lesage, qui avait déjà utilisé ses talents lors de la nationalisation en 1962 des

21

sociétés d'électricité implantées sur le territoire québécois. Au printemps 1964, il m'a confié que de grands projets se préparaient à Québec et qu'on envisageait entre autres de créer une société pour gérer le Régime des rentes du Québec semblable à l'organisme français bien connu, la Caisse des dépôts et consignations. Il m'a demandé de lui faire parvenir mes idées sur le sujet.

À cette période précise de l'histoire du Québec, la vogue était à la francophilie et les concepts de planification économique indicative à la française faisaient fureur au Québec. La future Caisse de dépôt et placement du Québec s'imbriquait très bien dans l'idée de planification économique telle que Jacques Parizeau la concevait. Après avoir harnaché l'électricité des Québécois par la nationalisation de 1962,[4] on allait maintenant harnacher l'épargne des Québécois par la création de la Caisse de dépôt et placement.

En 1965, la loi 51 créant la Caisse de dépôt a été adoptée par le gouvernement Lesage ; cette loi visait à accorder à l'institution son indépendance à l'égard des pouvoirs publics, grâce au statut de son directeur géné-

---

4   Grâce à une méthode éprouvée par le monde capitaliste, soit l'acquisition de plus de 90 % des actions des sociétés d'électricité québécoises, on a réussi une opération remarquable sans passer par une expropriation, toujours contestée devant les tribunaux, comme la Colombie Britannique avait eu le malheur de le faire quelques années auparavant. Cette méthode d'acquisition par offre d'achat directe aux actionnaires des sociétés d'électricité a permis à l'Hydro-Québec de sauver des sommes considérables par rapport à une expropriation suivie d'une nationalisation.

ral nommé pour dix ans et révocable seulement par un vote du Parlement.

À l'été 1966, Claude Prieur, anciennement de la Sun Life et nouveau directeur général de la Caisse de dépôt et placement, a pris rendez-vous avec moi pour discuter de mon éventuel engagement à la Caisse en tant que responsable des portefeuilles à revenus variables. Avec cinq ans d'expérience dans les placements chez un courtier en placements, le défi était important pour moi. J'ai accepté le poste et je suis entré en fonction le 1er novembre 1966.

Le premier président de la Caisse de dépôt venait du secteur privé et avait oeuvré pendant 20 ans à la Sun Life dans le domaine du placement. Il était donc éminemment qualifié pour diriger l'institution qui allait graduellement faire sa marque dans les marchés financiers canadiens.

Malheureusement, Claude Prieur, le président et fondateur de la Caisse de dépôt, est décédé prématurément en avril 1973, terrassé par une embolie cérébrale. L'actif de la Caisse de dépôt s'élevait alors à 2,3 $ milliards.

Après un délai de plusieurs mois pendant lequel les cadres supérieurs de la Caisse espéraient la nomination d'un président venant de l'industrie privée, comme l'avait fait Claude Prieur, on a appris qu'un bureaucrate de carrière du nom de Marcel Cazavan, ayant oeuvré à Québec, en particulier comme sous-ministre des Finances, devenait président et directeur général de la Caisse.

Ce haut fonctionnaire dont l'expérience était limitée au domaine des obligations, tant chez un courtier en va-

23

leurs mobilières qu'au ministère des Finances à Québec, n'a vraiment jamais compris la nécessité d'avoir une portion importante de l'actif de la Caisse en actions. Bien que la limite permise en actions était de 30 %, il a été impossible de faire augmenter ce pourcentage au delà de 15 % pendant la période où j'étais responsable du portefeuille actions sous la direction de Marcel Cazavan.

En 1977, lors d'une réunion de placements à laquelle j'ai assisté, une discussion s'est engagée où on a fait valoir que les rendements à long terme des placements en actions dépassaient nettement ceux en obligations. Marcel Cazavan, alors président de la Caisse, armé de l'argumentation qu'il fallait agir en bon père de famille, préconisait plutôt une implication plus grande en obligations puisqu'on pouvait obtenir avec moins de risque de gros rendements libres d'impôts dans ce type de placement.

À la fin de 1977, le pourcentage en actions du portefeuille de la Caisse n'était plus que de 13 %, après avoir atteint 19,4 % en 1974, lorsque Claude Prieur était président. À partir de 1980, et cela a été le résultat le plus positif de l'administration de Jean Campeau, la proportion en actions du portefeuille de la Caisse a augmenté considérablement, pour se situer en 1991 à plus de 37 %. Il faut aussi remarquer que, lorsque les cadres de la Caisse opéraient sans interférence politique, ils étaient capables de coups d'éclats, comme l'achat en 1984, pour 2 $ millions, de 30 % des actions de Télésystème National qui valaient en 1988 plus de 40 $ millions.

Finalement, afin de se sécuriser davantage, Marcel Cazavan a entériné en 1976 une nouvelle façon de gérer le portefeuille actions, qui consistait à pondérer le portefeuille suivant les indices de la Bourse de Toronto. Cette attitude ultra prudente allait permettre à André Marier, un des conseillers les plus écoutés de Jacques Parizeau, de faire valoir ses idées lorsqu'il a été nommé au conseil d'administration de la Caisse de dépôt au début de 1978.

Bureaucrate de carrière, ayant déjà participé en 1964 à l'élaboration du projet initial visant à créer la Caisse de dépôt, André Marier s'est vite trouvé un sentiment de paternité vis-à-vis de la Caisse. Après avoir assisté à quelques réunions du conseil d'administration, il a envoyé une lettre à Marcel Cazavan en mars 1978, qui en disait long sur les intentions de son auteur. Citons un paragraphe important de cette communication :

«Je puis vous affirmer que, dans l'esprit de ses concepteurs, celle-ci (la Caisse) devait aller bien au-delà de la simple gestion efficace des sommes mises en dépôt chez elle et être l'instrument privilégié de la transformation à long terme des structures industrielles du Québec.»

Cette phrase ronflante contribuera à créer deux années plus tard une politique de placement interventionniste, ce qui allait produire des pertes telles que le Québec n'en avait jamais vu.

En 1966 et 1967, Claude Prieur mettait souvent en garde les jeunes cadres de la Caisse contre les idées souvent farfelues émises par des théoriciens bien intentionnés. «Méfiez-vous, disait-il, des amateurs enthousiastes, ils peuvent coûter très cher.»

M. Prieur ne savait pas si bien dire ; avec l'avènement du nouveau conseil d'administration, la venue de Jean Campeau et l'élimination des cadres en place de la Caisse, le règne des amateurs enthousiastes allait commencer.

La nomination de Jean Campeau comme président et directeur général de la Caisse au début de 1980 a marqué le début de l'emprise du gouvernement du Parti québécois sur la Caisse et d'un régime d'interventionnisme musclé.

LE GOUVERNEMENT PÉQUISTE S'EMPARE
DE LA CAISSE DE DÉPÔT

L'aboutissement de cette emprise étatique sur la Caisse avait commencé peu après l'élection du Parti québécois et la nomination de Jacques Parizeau comme ministre des Finances. Le plus imaginatif des ministres du Parti québécois, M. Parizeau était aussi très conscient de l'importance de la Caisse de dépôt qui théoriquement était sous la responsabilité de son ministère. De 1977 à 1979, le gouvernement du Québec, qui avait un pouvoir de nomination au conseil d'administration de la Caisse, y a nommé plusieurs nouveaux membres sympathiques au Parti québécois, dont le plus connu était sans doute Pierre Péladeau, président de Québecor, et évidemment André Marier, haut fonctionnaire et éminence grise du gouvernement Lévesque. En janvier 1980, après avoir été malmené par le nouveau conseil d'administration, Marcel Cazavan a accepté de démissionner avant la fin de son mandat comme directeur général, pour être remplacé ensuite par Jean Campeau.

Celui-ci avait oeuvré auparavant comme sous-ministre des Finances à Québec sous les ordres de Jacques Parizeau, alors ministre des Finances. Il allait continuer de travailler sous les ordres du ministre des Finances en tant que président et directeur général de la Caisse de dépôt et en tant que sympathisant du Parti québécois.

Quelque temps plus tard, le directeur général adjoint Jean-Michel Paris a été forcé de démissionner par son patron immédiat, Jean Campeau. Le désaccord entre les deux hommes a commencé lorsque M. Paris s'est aperçu que, après les réunions du comité directeur de placement où siégeaient la direction générale et les directeurs de portefeuilles, M. Campeau s'enfermait dans son bureau pour téléphoner pendant au moins une heure d'affilée. Selon Jean-Michel Paris, celui-ci s'est rendu compte que les appels étaient faits au ministère des Finances et en particulier à Jacques Parizeau qui donnait ses instructions personnelles, contredisant souvent ce qui avait été décidé et entériné au sein du comité directeur.

LES CADRES DE LA CAISSE SAUTENT

Après ces longs palabres téléphoniques du matin avec Québec, Jean Campeau allait immanquablement visiter les membres du comité directeur dans l'après-midi, pour leur annoncer que certaines décisions du comité directeur devaient être changées à la lumière de «faits nouveaux» et le procès-verbal de la réunion du comité était modifié en conséquence. La situation est rapidement devenue intenable pour Jean-Michel Paris, le directeur général adjoint de la Caisse, qui, court-circuité et dégoûté, a démissionné de son poste à l'été 1980.

Finalement, vers la fin de 1980 et le début de 1981, on a assisté à la démission de Jean Lavoie, directeur des placements privés, et de son adjoint, de Raymond Lacourse, directeur des portefeuilles à revenus variables, ainsi que de son adjoint, de Jean Laflamme, directeur des portefeuilles à revenus fixes et finalement de Gilles Doré, directeur du portefeuille immobilier. La haute direction venait d'être décapitée pour être remplacée par des gens dont la sympathie péquiste ne faisait pas de doute.

DÉMISSION D'ERIC KIERANS

Au conseil d'administration de la Caisse de dépôt, tout n'allait pas comme sur des roulettes. Eric Kierans, anciennement président de la Bourse de Montréal, y avait été nommé en octobre 1978. Malheureusement, il a démissionné d'une façon fracassante en 1980 lorsqu'il s'est rendu compte que Jean Campeau avait négocié avec le ministère des Finances un prêt à la province de Québec à un taux préférentiel, ce qui défavorisait les déposants de la Caisse au profit du ministère des Finances. Jean Campeau venait de se comporter en ancien sous-ministre des Finances plutôt qu'en président de la Caisse, mais la Caisse de dépôt venait également de perdre en la personne d'Eric Kierans un administrateur expérimenté capable de s'élever contre de tels abus.

NOUVEAU RÔLE POUR JEAN CAMPEAU

M. Campeau montrera finalement ses couleurs politiques en annonçant en 1992 sa décision d'oeuvrer pour le Parti québécois, en qualité de président d'un organisme rattaché à ce parti appelé Souveraineté Québec inc. qui collaborait au Comité du Non au cours du Référendum d'octobre 1992. Finalement, le 27 mai 1993, lors d'une conférence de presse, Jacques Parizeau, chef du Parti québécois, a annoncé avec fierté que le grand financier Jean Campeau se présenterait comme candidat du Parti québécois aux prochaines élections provinciales. C'est un peu comme si John Crow, président de la Banque du Canada, quittait son poste pour se présenter comme candidat conservateur lors des prochaines élections fédérales.

Jean Campeau continuera de toucher des honoraires annuels de 150 000 $ de Domtar, grâce à un contrat de cinq ans signé en 1991, lorsqu'il est devenu président du conseil d'administration de cette société. M. Campeau a dû quitter ce poste lors de la campagne référendaire de 1992 sur la constitution canadienne.

CHANGEMENT D'ORIENTATION DE LA CAISSE

Mon intention ici n'est pas de faire le procès de la Caisse durant la période où Jean Campeau en était président et directeur général. Par contre, je veux mettre en évidence les faits, et ils sont indéniables. Lorsque la Caisse est sortie de son rôle accepté de gestionnaire de fonds publics pour acheter des positions massives dans

des sociétés et ainsi intervenir dans la gestion des entreprises, ces interventions ont tourné la plupart du temps
en désastres financiers au grand dam des déposants de
la Caisse de dépôt.

«Les opérations qui ont été réussies en ce sens jusqu'à
maintenant (Provigo-Loeb, National Cablevision, etc.),
me semblent avoir été si peu nombreuses que je me demande si la Caisse n'a pas eu pour politique d'émietter
ses participations au maximum comme pour faire sentir
sa présence le moins possible. On n'arrivera pas à modifier fondamentalement la structure de l'industrie québécoise de cette façon.»[5]

On allait avoir bientôt l'occasion de mettre en pratique ces admonitions d'André Marier. La Caisse de dépôt, sous l'égide de Jean Campeau, allait se transformer
en une agence gouvernementale conquérante, réalisant
aussi la mission de la S.D.I. (Société de développement
industriel du Québec) qui n'avait pas les capitaux pour
«modifier fondamentalement la structure de l'industrie
québécoise» tel qu'énoncé dans la lettre d'André Marier
du 17 mars 1978.

Pour illustrer mes affirmations, voici quelques exemples concrets des interventions de la Caisse de dépôt et,
entre autres, celle qui a failli ruiner un des fleurons de
l'industrie québécoise, la société Provigo, maintenant
appelée Univa.

---

5   Extrait d'une lettre d'André Marier adressée à Marcel Cazavan,
    président de la Caisse de dépôt, le 17 mars 1978.

LE CAS PROVIGO-UNIVA

En tant que directeur des portefeuilles à revenus variables, j'avais fait accumuler en 1976 plus de 22 % des actions en circulation de Provigo qui provenaient de la fusion de Denault de Sherbrooke, de Couvrette et Provost de Montréal et de Lamontagne de Chicoutimi, sous la présidence d'Antoine Turmel qui avait été l'architecte de cette fusion. Le coût de l'opération pour la Caisse de Dépôt a été moins de 6 $ millions. À mon départ en mai 1979, cet investissement valait près de 24 $ millions.

Parallèlement, le portefeuille actions avait fait acheter au fil des années une participation de 26 % dans M. Loeb Ltd., une société d'alimentation de l'Ontario qui contrôlait par des filiales près de deux fois le chiffre d'affaires de Provigo, mais avec des profits beaucoup moins importants. Le coût de l'opération pour la Caisse de dépôt s'est chiffré à moins de 5,4 $ millions, montant qui a été plus que récupéré par la vente de M. Loeb à Provigo.

À la suite de ma nomination en 1976 à la Caisse de dépôt comme directeur conseil en investissements corporatifs, un poste qui m'impliquait dans les regroupements d'entreprises, j'ai été nommé au conseil d'administration de M. Loeb Ltd. En 1978, à la faveur de la démission de Bertram Loeb comme président cette compagnie, il m'a été possible de convaincre Antoine Turmel d'acheter la participation de la Caisse de dépôt pour un montant de 5,8 $ millions. Cela a permis à M. Turmel de devenir président du conseil d'administration de M. Loeb Ltd. et de commencer à intégrer Provigo et

31

Loeb, créant ainsi un géant de l'alimentation. Quelques temps plus tard, le conseil d'administration de Horne & Pitfield de l'Alberta, une filiale de M. Loeb qui contrôlait aussi un grossiste important dans le nord de la Californie, a accepté une offre d'échange d'actions avec Provigo. Cela a permis à la Caisse de dépôt d'augmenter encore sa participation dans Provigo, puisqu'elle possédait une participation importante dans Horne & Pitfield.

C'était ainsi le début de la vocation nationale et internationale de Provigo puisque, grâce à M. Loeb Ltd., Provigo venait d'une façon significative de pénétrer les marchés de l'Ontario, de l'Alberta et de la Californie.

Solidement gérée par Pierre Lessard devenu son président en 1981, Provigo a atteint des niveaux sans précédent de rentabilité et son titre en bourse a connu une ascension vertigineuse donnant ainsi à la Caisse un gain énorme sur sa participation dans cette société.

Cependant la nomination au conseil d'administration de Provigo de certains administrateurs «suggérés» par Jean Campeau a fait qu'Antoine Turmel ne contrôlait vraiment plus la compagnie.

En plus celui-ci ne semblait pas vouloir faire la génuflexion que M. Campeau attendait de lui. La tension entre la Caisse de dépôt et Antoine Turmel a atteint un paroxysme lors de la décision du conseil d'administration de Provigo du 23 avril 1985 de nommer Pierre Lortie comme président et chef de la direction de Provigo au lieu de Pierre Lessard qui avait été au service de Provigo depuis plus de 16 ans.

Remarquons l'ironie de préférer Pierre Lortie, l'ancien président de la Bourse de Montréal, intelligent et dynamique mais sans expérience dans l'alimentation, à Pierre Lessard, également intelligent et dynamique mais avec plus de seize ans d'expérience chez Provigo. On a lancé alors un slogan créé par la nouvelle équipe de Jean Campeau : Pierre Lessard représentait l'homme d'hier et Pierre Lortie, l'homme d'aujourd'hui et de demain.

Pour montrer ce qui est arrivé, citons donc des extraits d'un article qui a été publié dans la revue *Commerce* de décembre 1989 :

Pour Antoine Turmel, la Caisse de dépôt et les Sobey sont à l'origine des difficultés actuelles de Provigo. Le 12 mars 1982, un vendredi après-midi, le président de la Caisse, Jean Campeau annonce au président de Provigo qu'il vient de conclure une entente avec les Sobey. La Caisse augmentait ainsi à 30 % sa participation dans Provigo et pouvait exercer le droit de vote attaché aux 13 % d'actions détenues par les Sobey. En échange de quoi, la Caisse obtenait trois sièges au conseil d'administration et les hommes d'affaires néo-écossais, deux.

M. Turmel : «J'ai demandé à Jean Campeau des explications. Il m'a répondu qu'il ne voulait pas que Provigo passe à des investisseurs non québécois. J'étais furieux et je lui ai dit qu'il venait exactement de faire le contraire en donnant aux Sobey une influence que je ne voulais pas leur donner. D'abord, leur présence nous obligeait à tenir nos réunions du conseil en anglais. En plus, il ne faut pas oublier que les Sobey sont nos concurrents dans certaines régions. Je ne les voulais pas au conseil.»

À l'automne 1984, Jean Campeau et Donald Sobey rencontrent deux fois Pierre Lessard. Malgré ses bons résultats, ils estiment alors qu'il faut un candidat avec une meilleure vision stratégique et plus de panache pour succéder à Antoine Turmel. «Malheureusement, Pierre Lessard n'a jamais été très fort dans les discours», reconnaît volontiers Antoine Turmel.

En avril 1985, la Caisse et les Sobey ont fait leur choix. Ils embauchent Pierre Lortie pour succéder à Antoine Turmel. «Ils avaient peur de Pierre Lessard, continue M. Turmel, car c'était mon élève. Pendant toutes mes années à Provigo, j'ai toujours traité la Caisse comme un actionnaire ordinaire, et cela excédait Jean Campeau.» Face à l'évidence, Antoine Turmel a lancé un dernier avertissement à Jean Campeau : «Je l'ai prévenu : on ne casse pas une combinaison gagnante. Tôt ou tard, vous allez devoir payer pour vos erreurs.»

Jean Campeau prétendait que Provigo était à un tournant et que l'entreprise devait être réorientée vers de nouvelles avenues. Les idées de grandeur de Pierre Lortie lui plaisaient donc bien.

Sur le fond de la question, Antoine Turmel prétend que Pierre Lortie n'avait tout simplement pas l'expérience requise pour lui succéder :

«En Californie, nous savions que l'on ne pouvait pas, dans les conditions de ce marché, être à la fois des grossistes et des détaillants. Pierre Lortie a décidé de faire le contraire et il perd de l'argent. Sports Experts était rentable à l'époque, elle ne l'est plus.»

Le président fondateur est aussi sévère pour les acquisitions de Pierre Lortie. « À mon départ en 1985, les liquidités atteignaient 100 $ millions de dollars. Un montant très excitant pour un nouveau dirigeant inexpérimenté. Un mois après son arrivé, Pierre Lortie a dilapidé tout cela en achetant une majorité de contrôle de Distribution aux Consommateurs (DAC)».

Antoine Turmel affirme qu'il avait lui aussi envisagé, mais finalement refusé, cette acquisition : «Ça sentait tellement mauvais que je n'ai même pas cru bon d'amener cette possibilité au conseil. En achetant DAC à prix fort, Pierre Lortie a prouvé son inexpérience. Il a voulu montrer à tout le monde qu'il y aurait de l'action chez Provigo !» Antoine Turmel prétend que Pierre Lortie a poussé encore plus loin son erreur en achetant toutes les actions de l'entreprise, même après s'être rendu compte de l'ampleur des problèmes de DAC.[6]

Antoine Turmel impute à la Caisse une bonne part de responsabilité dans le dérapage de Provigo : «Tout allait bien à Provigo parce que le conseil était dominé par des gens d'expérience qui connaissaient bien l'alimentation. La Caisse y a placé des gens à elle, mais pas des spécialistes du secteur.»

---

6   En 1991, Distribution aux Consommateurs a été vendu à des intérêts européens; en 1992, Univa a vendu la division Horne & Pitfield de l'Alberta ainsi que les droits se rattachant à la bannière I.G.A. en Ontario et dans le nord-ouest québécois à un concurrent ontarien, Oshawa Wholesale.

Pierre Lessard a évidemment été obligé de démissionner quelque temps après, soit en septembre 1985 après la nomination de Pierre Lortie comme président et chef de la direction de Provigo. On ne pouvait avoir deux patrons dans la même boîte.

Le règne de M. Lortie n'a pas duré longtemps, puisqu'en 1988, l'actionnaire principal de Provigo, Bertin Nadeau a décidé d'assumer la présidence de la compagnie. Selon un des cadres d'Unigesco, le règne Lortie aurait coûté au bas mot la coquette somme de 300 $ millions à Provigo.

Les actionnaires de Provigo ont pu voir l'effet de tous ces chambardements se répercuter dans les profits de la société : d'un sommet de 0,80 $ l'action en 1988, les profits par action se sont mis à décliner à 0,71 $ en 1989, à 0,12 $ en 1990, à 0,01 $ en 1991, pour remonter à 0,57 $ en 1992 sous la gestion de Bertin Nadeau, président d'Unigesco. Pendant ce temps Pierre Lessard, après avoir présidé Aeterna-Vie durant 2 ans, a été appelé à prendre la présidence de Métro-Richelieu en août 1990, elle-même fortement en difficulté à cause d'un surendettement inacceptable. Pierre Lessard a eu la satisfaction, après un travail acharné, de voir les actions de Métro-Richelieu[7] grimper à la Bourse de Montréal entre janvier 1991 et décembre 1992 de 3,25 $ à 9,50 $, et de

---

7   La Caisse de dépôt avant la venue de Pierre Lessard a eu l'idée de participer à la croissance de cette société, en achetant en 1988 des obligations convertibles en actions de Métro-Richelieu à 7,25 $, soit l'équivalent de plus de 20 % de la capitalisation de cette dernière.

voir tripler également les bénéfices de la société. Durant la même période, les actions de Provigo ont décliné lentement, de 12,00 $ en 1988 à 7,50 $ à la fin de 1992.

Après ces interventions de 1982 et de 1984, Jean Campeau s'est avisé que l'activisme corporatif lui rapportait des bonis inattendus. On commençait à s'incliner devant lui et il s'est rendu rapidement compte que, avec des actifs de 30 $ milliards, la Caisse de dépôt pouvait faire trembler la communauté financière tant au Québec qu'au Canada anglais. M. Campeau, qui aimait souligner ses origines modestes, venait de découvrir que le pouvoir était beaucoup plus enivrant que l'argent, qui était la motivation principale des capitalistes qu'il avait commencé à fréquenter.

À partir de ce moment, le président de la Caisse a laissé les employés s'occuper du portefeuille général pendant que, avec l'aide de ses collaborateurs parachutés du ministère des Finances du Québec, il s'occupait du portefeuille de participations, permettant ainsi à la direction de la Caisse d'intervenir dans la gestion des entreprises.

Les apprentis sorciers de la Caisse venaient, sans le savoir, de torpiller Provigo, mais ils avaient réussi à changer d'interlocuteurs, passant de l'équipe Antoine

Turmel-Pierre Lessard-Paul Gobeil[8] au trio étonnant Jean Campeau-Sobey-Unigesco.

L'ÉTONNANT UNIGESCO

Unigesco est vraiment le produit de l'ambition d'un homme, Bertin Nadeau, qui a pris le contrôle de cette petite société en 1982.

Auparavant, M. Nadeau, issu d'une famille du Nouveau-Brunswick dont le père avait été impliqué dans une petite manufacture de meubles, était professeur à l'École des hautes études commerciales, après avoir obtenu un M.B.A. et un doctorat en administration des affaires.

En 1985, le programme de Régime d'épargne actions (R.E.A.) battait alors son plein et Bertin Nadeau, après avoir fait quelques petites acquisitions reliées au domaine alimentaire, a décidé de frapper un grand coup.

En 1985, Jean Campeau, le président de la Caisse de dépôt, avait déjà fait son alliance avec les Sobey. Cette entente avait entraîné l'engagement à Provigo de Pierre Lortie et la démission forcée de Pierre Lessard de la même société.

Mal à l'aise de s'être mis dans une situation de collaboration avec la famille Sobey de Nouvelle-Écosse et dé-

---

8   Celui-ci, qui occupait le poste de vice-président finances chez Provigo est devenu ministre et président du conseil du Trésor du gouvernement libéral en 1985. Il a été le co-auteur en 1989 d'un rapport recommandant des mesures pour dégraisser l'appareil gouvernemental. Ses recommandations n'ont jamais été mises en application par le gouvernement Bourassa.

jà moins certain du choix de Pierre Lortie, Jean Campeau voulait se débarrasser du rôle délicat de gestionnaire de Provigo.

Aussi, lorsque Bertin Nadeau s'est présenté à la Caisse, bardé de diplômes universitaires et avec en plus une réputation d'intellectuel et d'entrepreneur, Jean Campeau en a fait son nouveau poulain. Bertin Nadeau allait entrer au cénacle de la Caisse de dépôt en qualité de gestionnaire et permettre à celle-ci de se départir de la «patate chaude» que représentait le dossier Provigo.

Comme première manoeuvre, la Caisse de dépôt a vendu en 1985 environ 3 000 000 d'actions de Provigo à Unigesco pour une somme de 45 $ millions de dollars. Un peu plus tard, Unigesco a acheté un nombre additionnel d'actions de la Banque Nationale et du Groupe Laurentien, se procurant ainsi une participation de 4 500 000 actions.

Pour financer cette transaction d'environ 70 $ millions, M. Nadeau s'est servi d'un groupe de courtiers en placement qui ont vendu au public 12 100 000 actions classe B non-votantes au prix de 5,00 $ l'action. Les actions avaient le mérite de se qualifier auprès du plan de Régime d'épargne actions pour 150 % de déduction à cause de la taille d'Unigesco, même si le produit de l'émission allait entièrement dans l'achat d'actions de Provigo qui, elles, ne se qualifiaient pas pour ces mêmes déductions. Ayant accompli indirectement ce qu'il ne pouvait réaliser directement, Bertin Nadeau s'est vu attribuer l'épithète flatteuse de «génie financier» par le président de Geoffrion Leclerc, Guy Desmarais, un de ses courtiers principaux.

Cette réputation allait en prendre un coup puisque d'un sommet de profit de 13,5 $ millions atteint en 1987, les profits se sont transformés ensuite en perte de 20 $ millions en 1991 et en perte de neuf cent mille dollars en 1992. Les actions ont suivi, tombant de 7,75 $ en 1987 à environ 1,00 $ au début de 1993.

Entre temps, Unigesco, grâce à une série de transactions privées, a augmenté sa participation dans Provigo à 20 % de la capitalisation pour un coût additionnel de 133 $ millions.

Finalement, en 1989, grâce à une entente entre Empire Company Ltd (une société contrôlée par la famille Sobey) et Unigesco, les deux sociétés ont acquis conjointement 8 500 000 actions de Provigo, ce qui a donné à Unigesco une participation de 26 % et à Empire, 25 %. Bertin Nadeau, quelque temps auparavant, avait assumé la présidence de Provigo à la suite du départ de Pierre Lortie.

Ces transactions ont été financées en très grande partie par des emprunts. À la fin de 1992, malgré une vente frénétique d'actifs, Unigesco se retrouvait avec, comme actif principal, Red Carpet, un distributeur de café dans l'ouest du pays, Sodisco un distributeur de produits de quincaillerie (acheté à l'été 1990 pour plus de 150 $ millions et qui opère à des niveaux de profits modestes) et finalement son intérêt de 26 % dans Univa, soit 22,5 millions d'actions (qui ne valait plus que 7,50 $ l'action ou 170 $ millions). Avec des dettes consolidées de l'ordre de 340 $ millions et avec une échéance d'emprunt de l'ordre de 60 $ millions en juin 1993, Unigesco était en grave péril.

L'épithète de génie financier a été à nouveau mentionnée en février 1993 lorsque Bertin Nadeau a convaincu des financiers new-yorkais, du nom de Blackstone Capital Partners, de faire l'achat de toutes les actions de Provigo (Univa) pour 1,6 $ milliard, soit 11,00 $ par action, en se servant des actifs même de Provigo pour emprunter une bonne partie de la somme requise de 1,6 $ milliard.

M. Nadeau tentait de réussir une transaction inattendue, surtout lorsqu'on sait qu'il se réservait le droit de réacquérir le contrôle d'Univa des Américains d'ici trois à sept ans. Cette gymnastique financière était évidemment nécessaire pour prévenir le tollé qui allait certainement venir des nationalistes québécois qui verraient dans cette vente l'abandon du patrimoine en des mains étrangères. Malheureusement pour M. Nadeau, il y avait à ce moment une nouvelle administration en place à la Caisse de dépôt qui était particulièrement inquiète de voir se reproduire une autre «affaire Steinberg». On craignait le surendettement d'Univa, qui aurait eu une dette de 1,3 $ milliard à son bilan, avec tous les risques possibles d'accident financier pouvant entraîner une faillite éventuelle. En plus, Bertin Nadeau avait eu la maladresse de nommer Jean Campeau au conseil d'administration d'Univa et d'Unigesco, ce qui n'allait pas arranger les choses.

Aussi, la Caisse s'est servie encore une fois de son pouvoir pour faire avorter la transaction en menaçant Blackstone Partners, l'acheteur américain, de poursuites judiciaires et ce, avant même que le comité indépendant composé d'administrateurs d'Univa n'ait rendu son verdict. L'interventionnisme, d'où qu'il vienne, demeure néfaste.

Voyons maintenant les conséquences entraînées par l'intervention initiale de Jean Campeau en 1982 pour s'allier avec les Sobey et ensuite par son intervention en 1985 afin de remplacer Pierre Lessard comme président de Provigo :

1. Unigesco se retrouve avec sa participation de 100 % de Sodisco et un groupe de petites sociétés de distribution alimentaire ; après la vente de ses actions d'Univa, sa dette est de l'ordre de 170 $ millions, ce qui est en deçà probablement de la valeur marchande de ses actifs, mais elle a toujours des échéances d'endettement importantes.

2. Univa (Provigo) s'est vue obligée de vendre ses intérêts stratégiques en Ontario et en Alberta, acquis en 1977, afin d'alléger les dettes encourues par les présidents de Provigo qui ont succédé à Antoine Turmel et Pierre Lessard.

3. Le Québec risquait de perdre le contrôle d'une société importante autrefois contrôlée par des Québécois, aux mains d'étrangers. Après avoir annoncé que la somme de 11 $ l'action offerte par Blackstone à tous les actionnaires d'Univa était insuffisante, la Caisse de dépôt a annoncé le 13 juin 1993 qu'elle achetait d'Unigesco 26 % des actions d'Univa au prix de 8,50 $ l'action, lui donnant ainsi le contrôle effectif d'Univa avec 37 % des actions. Cette opération a permis à Unigesco d'éviter une situation de défaut. Cependant, le fracas créé par les menaces de la Caisse à l'endroit de Blackstone Partners a servi à dévaluer les placements considérés comme québécois, aux yeux des investisseurs étrangers.

LA SAGA SOCANAV-STEINBERG

Une des sagas des plus spectaculaires a été l'acquisition par Socanav, une petite société issue des R.E.A. (Régime d'épargne action), des magasins Steinberg grâce à l'appui de la Caisse de dépôt.

À la fin de 1986, Michel Gaucher, à la faveur de la popularité des Régimes Epargne-Actions (R.E.A.), a décidé de rendre publique sa société, Socanav inc., et d'émettre 5 000 000 d'actions A non votantes accompagnées de bons de souscription à un prix de 5,00 $ par action, ce qui générerait ainsi 25 $ millions.

À la fin de 1987, les ventes de Socanav atteignaient 43 $ millions. Grâce à l'apport de capital frais de sa nouvelle émission d'actions, la société a fait l'acquisition d'une compagnie d'autobus et d'un fabricant d'acier, ce qui a augmenté ses ventes, qui sont passées de 43 $ millions à 141 $ millions en 1988, puis à 154 $ millions en 1989. Malheureusement, les profits n'ont pas suivi le même rythme d'accroissement puisque, d'un sommet de 0,49 $ l'action peu après l'émission publique, les profits par action sont tombés à 0,41 $ en 1988 et à 0,37 $ en 1989.

Michel Gaucher avait une ambition dévorante et il ne se voyait pas continuant à opérer une flotte de petits pétroliers et d'autobus pour le reste de ses jours. Il était aussi fortement influencé par la mode du jour de faire des acquisitions à grand levier financier (L.B.O.). De telles acquisitions avaient permis à certains financiers américains et canadiens, dont Donald Trump et Robert Campeau, de faire l'acquisition d'actifs importants grâce à des emprunts massifs. Vers le printemps 1989 Pierre Laurin, directeur général de Merrill Lynch Québec, a suggéré à M. Gaucher de considérer l'achat des magasins Steinberg, un fleuron québécois qui ne pouvait être décemment vendu à des intérêts d'Ontario, comme les soeurs Steinberg fort habilement menaçaient de le faire. Michel Gaucher a dressé l'oreille et s'est mis à préparer son plan d'attaque, même s'il n'avait aucune expérience des entreprises d'alimentation. Pierre Laurin, qui avait ses entrées auprès de Jean Campeau, lui a suggéré les bienfaits d'une alliance Socanav-Caisse de dépôt dans le but de garder le contrôle de Steinberg au Québec. Cependant, la première réunion entre Jean Campeau et Michel Gaucher s'est terminée par une fin de non recevoir lorsque M. Campeau s'est rendu compte de la contribution énorme requise de la Caisse de dépôt, ce qui l'a amené à éconduire poliment M. Gaucher.

C'est à ce moment que Pierre Laurin, sachant que Jean Campeau tenait absolument à augmenter la participation de la Caisse de dépôt dans l'immobilier, lui a parlé de la possibilité pour la Caisse d'acheter à bon compte la division immobilière de Steinberg, à condition qu'elle finance Socanav pour l'achat de l'ensemble de l'empire Steinberg. Certains conseillers internes du président de la Caisse étaient opposés à cette transaction, mais lorsque M. Laurin a annoncé à M. Campeau, ce qui n'était pas entièrement un «bluff», que Merrill Lynch Capital de New York était prêt à financer une telle transaction, le grand chef de la Caisse n'a pu résister à l'attrait de réaliser un financement audacieux qui passerait dans les annales financières. Pour Jean Campeau, le financement de Socanav pour cette acquisition avait le double avantage de satisfaire ses maîtres à Québec et d'éloigner Oxdon Investments Inc. de Toronto, qui rôdait dans les coulisses et avait présenté une offre d'achat alléchante aux soeurs Steinberg, écartant toute implication financière de la Caisse. M. Campeau, désireux de repousser les Torontois et inquiet que Merrill Lynch puisse assumer seul le financement, a convaincu son conseil d'administration de faire l'achat de Steinberg conjointement avec Socanav. Selon la stratégie proposée, la Caisse financerait 820 $ millions du montant total de la transaction de 1,3 $ milliards ainsi que l'achat de 30 $ millions d'actions A de Socanav. Il en résulterait une contribution de la Caisse de 850 $ millions à cette transaction. Le prix de 1,3 $ milliards comprenait évidemment des frais de plus de 13 $ millions, dont une bonne partie est allée à Merrill Lynch, l'employeur de Pierre Laurin. La transaction a finalement eu lieu le 21 août 1989, quelques mois avant le début d'une récession qui allait être particulièrement cruelle pour les hommes d'affaires trop audacieux.

En 1989, les marchés de l'immeuble connaissaient une popularité universelle et les prix payés pour un parc immobilier ont atteint cette année-là des sommets inégalés. La Caisse de dépôt se trouvait sous-pondérée par rapport à d'autres institutions financières quant à l'importance de son portefeuille immobilier. Ainsi, l'acquisition, en mars 1990, de la division immobilière de Steinberg, appelée Ivanhoe, par la Caisse de dépôt pour la somme de 887 $ millions a contribué à rétablir l'équilibre des portefeuilles de la Caisse. Par cet achat, la créance de 850 $ millions de Socanav contre les immeubles de Steinberg venait d'être effacée. La Caisse de dépôt venait aussi d'investir une autre somme de 37 $ millions dans Steinberg tout en conservant ses actions dans Socanav acquises au coût de 30 $ millions.

La Caisse de dépôt venait de réaliser un coup double :

1. La préservation du contrôle de Steinberg entre des mains québécoises et francophones, puisque Socanav venait de surpasser le montant d'une offre d'achat faite par un groupe de Toronto, allié à Gordon Capital et appelé Oxdon.

2. L'obtention à «bon compte» d'un important parc immobilier consistant surtout en centres commerciaux dont les locataires principaux étaient les épiceries Steinberg ou les magasins M (provenant tous deux de l'empire Steinberg).

Malheureusement, ce beau scénario allait s'avérer un cauchemar pour la Caisse de dépôt et pour son protégé Michel Gaucher.

Sans expérience dans le domaine de la distribution de produits alimentaires et de marchandises générales, M. Gaucher s'est aperçu qu'il avait payé très cher la prime de contrôle pour les actions votantes de Steinberg détenues par les soeurs Steinberg, ce qui avait gonflé le prix d'achat de 144 $ millions. Les intérêts sur la dette de Steinberg ainsi que les dividendes sur les actions privilégiées et finalement l'obligation de racheter ces mêmes actions privilégiées ont forcé M. Gaucher à se lancer dans un effort frénétique de vente d'actifs. Il a facilement vendu les actifs les plus alléchants, dont la division Miracle Food Mart de l'Ontario pour la somme de

227 $ millions, un prix fort. Le joyau de la couronne, 50 % de Club Price (Canada), a été par contre soldé pour la somme de 58 $ millions. Malheureusement, la filiale Smitty's de l'Arizona, qui n'était pas rentable, n'a pas trouvé preneur, ni la division Valdi qui est toujours à vendre.

Malgré l'effort gigantesque déployé par Michel Gaucher, on n'a pas réussi à rentabiliser Steinberg, écrasée par sa dette et on n'a pas pu vendre les magasins de marchandises générales non rentables, M (anciennement Miracle Mart). Pendant ce temps, les marchés de l'Arizona où opérait Smitty's connaissaient une guerre de prix sans pitié, ce qui avait transformé cette division autrefois profitable en boulet.

Finalement, au début de 1992, la récession et la concurrence aidant, la situation financière de Steinberg est devenue intenable. Incapable de continuer et pressé par ses créditeurs, Michel Gaucher a dû s'avouer vaincu. Steinberg été placée sous la protection de la Cour en mars 1992 afin d'en arriver à une entente avec ses créanciers.

En mai 1992, ce qui restait des magasins Steinberg a été réparti entre Métro-Richelieu pour la moitié et Oshawa-Wholesale de Toronto et Provigo pour le reste. La liquidation possible du reste des actifs pourra peut-être compenser à 20 % ou 25 % les petits créditeurs non garantis laissés pour compte dans cette faillite. Les grandes banques, quant à elles, ont réussi à s'en sortir à peu près indemnes.

La Société de développement industriel du Québec, un organisme gouvernemental où j'ai travaillé comme administrateur en 1978 et 1979, avait été appelée à contribuer 50 $ millions à Steinberg en 1989. Selon l'article 7 de sa loi, tout prêt de plus de 1 $ million doit être approuvé par le conseil des ministres lui-même, ce qui démontre jusqu'où pouvait aller l'implication de celui-ci (en l'occurrence libéral à ce moment-là) lorsqu'il décide d'appuyer une aventure financière avec les fonds publics.

Mais le grand perdant dans cette affaire a été la Caisse de dépôt. Son investissement de 30 $ millions en actions de Socanav ne vaut plus qu'une fraction de ce qu'elle avait payé. Le prêt de 70 $ millions à la corporation d'acquisition Steinberg Inc. entraînera éventuellement une autre perte pouvant probablement se chiffrer à près de 70 $ millions. Finalement l'acquisition d'Ivanhoe Inc., la filiale immobilière de Steinberg, pour 887 $ millions lui a donné la propriété surtout de centres commerciaux dont le locataire principal était la plupart du temps un magasin Steinberg. Cette filiale immobilière allait être frappée de plein fouet par la récession qui a commencé à la fin de 1989.

Un plan d'arrangement avec les créanciers de Steinberg Inc. a été déposé le 24 novembre 1992. Après cette réorganisation, un grand nombre de baux sont devenus caducs à cause de la fermeture des épiceries Steinberg et la faillite des magasins M. Selon un employé de la Caisse, Ivanhoe, la division immobilière de Steinberg, ne vaudrait plus en 1993 qu'environ les deux tiers de ce qui a été payé en 1989. Évidemment tout se tenait, la Caisse de dépôt ne pouvait entrevoir en 1990 une «réorganisation» de Steinberg qui aurait entraîné l'annulation des baux détenus par Ivanhoe, ce qui créerait une dévaluation de la valeur de ces actifs immobiliers.

En 1991, la Caisse de dépôt a fait une radiation de son investissement dans Steinberg au montant de 130 $ millions. En 1992, une radiation des actifs immobiliers détenus par la filiale immobilière Ivanhoe Inc. a eu lieu afin de ramener la valeur de ces actifs à une juste valeur marchande, ce qui explique en partie la baisse du rendement du portefeuille de la Caisse de dépôt à 4,7 % en 1991.

Michel Gaucher avait eu une ambition démesurée mais légitime : celle de devenir un capitaine d'industrie contrôlant des ventes de plusieurs milliards de dollars avec des profits correspondants. M. Campeau, le fiduciaire de nos épargnes collectives, pouvait et se devait de dire non à l'ambition de son interlocuteur. Il se devait de favoriser une solution rationnelle, même si cette solution était ontarienne ou non francophone, puisque les décisions d'investissement de la Caisse de dépôt doivent être régies par les intérêts des déposants et non par un désir inavoué de «transformation à long terme des structures industrielles du Québec».

TABLEAU I

COÛT ESTIMÉ DE LA SAGA STEINBERG

1. POUR LA CAISSE DE DÉPÔT

(en millions de $)

Décembre 1991	Radiation de Steinberg	130
Décembre 1992	Dévaluation de Socanav	26
Décembre 1992	Dévaluation du parc immobilier d'Ivanhoe	292
PERTE TOTALE ESTIMÉE		448

2. POUR LA SOCIÉTÉ DE DÉVELOPPEMENT INDUSTRIEL DU QUÉBEC (S.D.I.)

(en millions de $)

| Décembre 1992 | Radiation estimée | 40 |

Source : Rapports annuels de Steinberg, de Socanav et de la Caisse de dépôt.

Au moment de la «réorganisation» de Steinberg, Jean Campeau était confortablement installé au poste d'administrateur de Domtar, une société contrôlée par le groupe S.G.F. et la Caisse de dépôt. Auparavant, de novembre 1990 à juin 1991, il avait été respectivement président du conseil d'administration de Domtar et coprésident de la Commission Bélanger-Campeau, qui devait consulter les citoyens québécois au sujet du problème constitutionnel et faire des recommandations dans ce dossier au gouvernement provincial du Québec.

L'ÉPOPÉE BRASCADE

En 1981, à peine entré en fonction à la Caisse de dépôt, Jean Campeau a eu l'idée d'étendre l'influence de la société dont il venait d'assumer la direction en créant un véritable portefeuille du président qu'on a appelé le portefeuille participation.

Durant ces années, les frères Peter et Edward Bronfman, installés à Toronto, faisaient l'admiration du milieu financier canadien. Après avoir avalé les unes après les autres les plus grandes sociétés canadiennes, ces deux hommes d'affaires avaient à ce moment-là l'oeil sur la prestigieuse compagnie Noranda Mines.

Noranda est une grande société minière dont le siège social est à Toronto. Bien que d'origine québécoise, elle a toujours été gérée de Toronto. La Caisse, selon son nouveau plan d'action, était devenue un actionnaire important de Noranda. Pourtant, elle n'avait pas encore réussi à faire nommer un de ses représentants au conseil d'administration de Noranda.

Lorsqu'à l'été 1981, la Caisse s'est aperçu que les frères Bronfman de Toronto voulaient s'emparer du contrôle de Noranda, Jean Campeau a décidé qu'il voulait faire partie du club exclusif des alliés de Bronfman. Surtout que son amour-propre avait été blessé par le refus d'Alfred Powis, le président de Noranda, d'accorder une représentation à la Caisse de dépôt sur son conseil d'administration.

Pour gagner ces puissants alliés, la Caisse a offert de prendre une participation de 30 % dans les actions ordinaires de Brascade Resources Inc., le holding financier ayant comme mission la prise de contrôle de Noranda. Le reste des actions de cette société était détenu par Brascan, une société contrôlée par les Bronfman eux-mêmes.

Le coût de cette opération, qui faisait entrer la Caisse de dépôt de plein pied dans le fief prestigieux des Bronfman, s'est chiffré à 450 $ millions. Par après, la Caisse échangera ses actions de Noranda et ses actions de Westmin pour d'autres actions de Brascade. Cela lui a procuré plus de 15 millions d'actions de Brascade à un coût de près de 40,00 $ l'action, soit plus de 600 $ millions d'investissement.

En août 1981, Brascade a réussi à prendre le contrôle de Noranda grâce à l'achat de 10 millions d'actions ordinaires et de 1,8 millions d'actions privilégiées de cette société. La Caisse de dépôt venait d'acquérir un intérêt minoritaire de 30 % dans un holding (Brascade) qui avait obtenu le contrôle de 42 % de Noranda. M. Campeau obtenait également ainsi pour la Caisse une représentation au conseil d'administration de Noranda, mais à un coût considérable. En effet, pour le plaisir d'avoir damé le pion à M. Powis, et d'avoir obtenu une représentation sur son conseil d'administration, la Caisse se voyait propriétaire de 600 $ millions d'actions d'une société fermée, qui ne paierait jamais de dividendes et qui ne créerait évidemment aucun gain de capitaux.

La Caisse de dépôt a attendu pendant plus de sept années sans gagner de dividendes ou de gains de capitaux pour son investissement dans Brascade; l'administration de la Caisse s'est alors rendu compte qu'on s'était grandement illusionné sur la valeur réelle de Brascade. De plus, malgré tous les efforts déployés en ce sens, on n'a pas réussi vraiment à convaincre la haute direction de Noranda Mines de recruter davantage de francophones. Pourtant, cela avait été une des motivations politiques principales à l'achat initial d'actions de Brascade par la Caisse de dépôt.

En 1988, la Caisse a donc dû se rendre à l'évidence que sa position dans Brascade n'était pas très favorable. Être actionnaire minoritaire dans un holding dont les actions ordinaires ne payaient aucune dividende et n'étaient pas inscrites en Bourse, ne représentait pour elle que des désavantages. De plus, la réputation d'invincibilité du groupe Bronfman de Toronto commençait à être fortement ternie à la suite des difficultés financières qu'il a commencé à éprouver à partir de 1987.

Pour se sortir de cette situation difficile, le 14 juillet 1988, la Caisse a donc négocié avec les Bronfman un échange de la moitié des actions de Brascade qu'elle possédait contre 6,7 millions d'actions de Noranda. Finalement, le 30 juillet 1991, elle a cédé le reste des actions de Brascade qu'elle détenait encore pour 4,1 millions d'actions de Noranda. Cette manoeuvre ramenait ainsi la Caisse de dépôt à la case de départ d'août 1981 avec en plus une perte substantielle telle qu'établie au Tableau II :

TABLEAU II

PERTE DANS L'AFFAIRE BRASCADE-NORANDA

(en millions de $)

Investissement dans Brascade de 1981 à 1983	600
MOINS :	
Valeur des actions de Noranda obtenues en échange des actions de Brascade en 1988 et en 1991	222
PERTE EN CAPITAL	378
PLUS :	
Manque à gagner sur l'investissement initial de 600 $ millions, 8 ans d'intérêt au taux de rendement courant de 10 %	480
PERTE TOTALE	**858**

Sources : Rapports annuels de Brascade, communiqués de presse de la Caisse de dépôt.

LA CONQUÊTE DE DOMTAR

En 1979, au moment de mon départ de la Caisse de dépôt, celle-ci avait en portefeuille 1 600 000 actions de Domtar, achetées à un prix moyen d'environ 4,00 $ l'action. Ceci représentait une somme de 6,5 $ millions, un investissement normal pour l'ampleur du portefeuille de la Caisse. Mais déjà les pressions interventionnistes avaient commencées à s'exercer sur la personne de Marcel Cazavan. Celui-ci était de plus en plus inquiet de la réaction de Jacques Parizeau, le ministre des Finances, et de son propre conseil d'administration en raison de sa passivité vis-à-vis du marché des actions. M. Cazavan a alors décidé de faire un coup d'éclat en juin 1979. Quelques temps après mon départ de la Caisse de dépôt, celle-ci acheta d'un seul coup un bloc de 2,8 millions d'actions de Domtar détenues par MacMillan Bloedel au prix fort de 27,00 $ l'action, soit 75,6 $ millions.

La Caisse de dépôt possédait maintenant près de 22 % des actions de Domtar. C'était le premier chapitre de la longue série de manoeuvres visant à prendre le contrôle de Domtar. Il a fallu toutefois attendre l'arrivée de Jean Campeau comme président de la Caisse de dépôt, en janvier 1980, pour voir la Caisse se transformer en conglomérat financier, prête enfin à dépasser Paul Desmarais, qui était fort admiré par M. Campeau.

Presque immédiatement, le nouveau président de la Caisse a fait acheter 600 000 actions pour une somme approximative de 15 $ millions. Cela a créé pour la Caisse un investissement massif de plus de 97 $ millions dans la seule société Domtar.

En 1980, sous l'égide de Jean Campeau, la Caisse a transféré sa participation dans Domtar, au portefeuille de participations nouvellement créé ou, si l'on préfère, le portefeuille du président. Le nouveau portefeuille de M. Campeau lui avait permis de faire augmenter la participation de la Caisse de dépôt dans Domtar de 22 % à 26 %, et de commencer par ce fait à ébranler la haute direction de cette société.

Jean Campeau n'a pas eu longtemps à attendre. Le président directeur général de Domtar, Alex Hamilton, lors d'une visite chez son gros actionnaire, lui a annoncé la nécessité d'émettre plus d'actions afin d'assumer les coûts d'une expansion effrénée, en particulier, à sa nouvelle usine de papiers fins à Windsor Mills au Québec.

La Caisse de dépôt venait d'investir plus de 97 $ millions, mais pas un cent de cette somme n'avait filtré dans la trésorerie en disette de Domtar. En effet, cette somme avait été payée en grande partie à MacMillan Bloedel et le reste aux porteurs de titres à la bourse.

Jean Campeau a voulu agir rapidement lorsqu'il a cru que la participation de la Caisse de dépôt descendrait à 13 % des actions de Domtar, vu la dilution importante proposée par la haute direction de Domtar. La Caisse aurait été évidemment chaleureusement invitée à participer à une émission de nouvelles actions — on ne refuse pas 100 $ millions de dollars —, ce qui aurait injecté le capital nécessaire tout en conservant le pourcentage de 22 % des actions possédées auparavant par la Caisse.

Au lieu de cela, Jean Campeau, après une série de palabres avec ses conseillers du ministère des Finances, a fini par dénicher un associé qui pourrait acheter assez d'actions de Domtar pour en avoir le contrôle tout en évitant ainsi à la Caisse de dépôt de dépasser le seuil maximum de 30 %. Ce malheureux partenaire désigné par les maîtres politiques était la Société générale de financement, ou S.G.F., l'ancêtre des sociétés d'État impliquées dans le développement industriel du Québec.

Domtar s'était attirée les foudres de Jacques Parizeau par un transfert inconsidéré d'un siège social à Toronto. À la suite de l'ouverture d'une mine de sel aux Îles-de-la-Madeleine par Mine Seleine, une société d'État, la filiale Sifto, propriété à 100 % de Domtar, avait décidé en 1979 de déménager ses opérations de Montréal vers Toronto, ce qui entraînait le transfert de dix-sept emplois. Le 2 décembre à l'Assemblée nationale, M. Parizeau a déclaré sur un ton indigné : «Il va falloir qu'on trouve des règles en vertu desquelles l'argent des Québécois sert dans le meilleur intérêt des Québécois.»

Le ministre des Finances avait décidé de punir Domtar pour son rôle dans l'affaire du transfert du siège social de Sifto à Toronto. En utilisant les ressources de sociétés d'État sous son autorité, il comptait prendre le contrôle de Domtar. C'est ainsi que, pour venger la disparition de ces dix-sept emplois, on s'apprêtait à exécuter une des opérations les plus coûteuses dans l'histoire de la Caisse de dépôt et de la S.G.F.

Après avoir obtenu l'aval de Jacques Parizeau, le président de la Caisse a fait appel à l'aide de Paul Desmarais de Power Corporation. Celui-ci «a consenti» à transiger avec Jean Campeau, qui agissait surtout pour le compte de la S.G.F., en vendant toutes les actions de

Domtar détenues par Power Corporation et ses filiales. De plus, grâce à des offres secrètes à quatre autres institutions financières, la Caisse a obtenu le 18 août 1981 une participation additionnelle de 20 % dans Domtar au prix moyen d'environ 32,00 $ l'action. Moins de neuf mois plus tard les actions se transigeait à moins de 20,00 $, soit une perte de plus de 100 $ millions de dollars sur l'investissement de la S.G.F. et de plus de 120 $ millions sur celui de la Caisse de dépôt. Et ce n'était qu'un début : forcées de combler les déboires financiers de Domtar, la Caisse et la S.G.F. ont été obligées de fournir des sommes additionnelles de 131 $ millions entre 1980 et 1993 afin de permettre à Domtar de traverser une conjoncture des plus difficiles.

Vers la même époque, soit au printemps 1982, j'ai assisté à un déjeuner causerie d'une association reliée à l'École des hautes études commerciales. Le conférencier en était Jean Campeau, que je rencontrais pour la première fois. Au cours de sa causerie, M. Campeau, très fier, a annoncé à la salle réunie que le portefeuille actions de la Caisse de dépôt possédait deux placements, Domtar et Brascade, qu'il a qualifiés lui-même de «joyaux» devant l'auditoire pourtant averti de l'association des H.E.C.

Selon mes estimés, le «joyau» Domtar allait coûter aux déposants de la Caisse la jolie somme de 117,2 $ millions au 31 décembre 1992. Faisons-en le calcul comme suit : à partir d'une position en portefeuille initiale en avril 1979 de 1 600 000 actions au coût de départ de 4,25 $ l'action, la Caisse de dépôt acquerra après cette date, soit de 1979 à 1992, assez d'actions pour lui donner environ 20 % des actions émises de Domtar, soit 24 823 000 actions au coût estimé de 248 $ millions contre une valeur marchande au 31 décembre 1992 de 130,3 $ millions, soit une baisse de valeur estimée de 117,2 $ millions.

De plus, ce placement, même dévalué d'année en année, a le désavantage de ne pas payer de dividendes (depuis 1991) et Domtar devra attendre une amélioration sensible de sa santé financière avant de débourser des dividendes. Comme la Caisse de dépôt pourrait obtenir un rendement d'environ 8 % sur ses dépôts investis, nous avons donc un manque à gagner annuel pour la Caisse de 10,4 $ millions par année sur la valeur du placement dépréciée au marché, au 31 décembre 1992. Ce manque à gagner s'élèverait annuellement à près de 18 $ millions, calculé sur le coût du placement estimé dans Domtar à la même date.

POWER CORPORATION ET DOMTAR

En 1988, au moment où la Caisse de dépôt possédait environ 20 % des actions de Domtar, Paul Desmarais contrôlait 42 % des actions de Consolidated-Bathurst (C.B.). M. Desmarais avait conclu qu'il serait dans son intérêt de considérer la fusion de Consolidated-Bathurst avec Domtar.

La haute direction de C.B. était convaincue qu'elle pouvait abaisser fortement les coûts de l'entreprise résultant de la fusion de C.B. avec Domtar. De plus, les produits fabriqués par les deux sociétés semblaient complémentaires : papiers fins et matériaux de construction pour Domtar, papier journal et cartonnage pour Consolidated-Bathurst.

Il fallait cependant préparer le terrain afin de calmer les susceptibilités des nationalistes québécois qui verraient d'un mauvais oeil la prise de contrôle par Power Corporation d'une société contrôlée par la S.G.F. et la Caisse de dépôt.

On a donc chambardé la haute direction de C.B. Ensuite, le conseil d'administration, où je siégeais, a été appelé à approuver l'engagement de Guy Coulombe comme nouveau président de la société à l'automne 1988. Celui-ci possédait un profil de carrière le qualifiant d'emblée comme membre de Québec inc. Après une carrière de haut fonctionnaire à Québec, il est devenu président du Groupe S.G.F., puis président d'Hydro-Québec, avant d'être finalement recruté comme président de Consolidated-Bathurst à l'automne 1988.

C'était la première fois dans l'histoire de Consolidated-Bathurst que celle-ci était présidée par un Québécois francophone. Malgré les dangers des effets d'un tel parachutage pour le moral des employés, Paul Desmarais savait ce qu'il faisait. S'il voulait absorber Domtar, il fallait évidemment franciser C.B. qui, à cette époque, n'était pas particulièrement peuplée d'employés cadres de langue française. On préparait donc le terrain pour une fusion où la haute direction de Consolidated-Bathurst deviendrait responsable des deux sociétés fusionnées.

On a donc commencé vers novembre 1988 des séries de négociations avec la Caisse de dépôt, qui semblait s'être arrogée le droit de parler également au nom de la S.G.F. C'était compter sans Jean Campeau ; celui-ci, après avoir qualifié son placement dans Domtar de «joyau», était peu disposé à remettre à Power Corporation le contrôle de Domtar, puisqu'un échange d'actions basé sur la valeur en bourse des deux sociétés semblait désavantager Domtar. La position de la Caisse de dépôt était que les énormes profits anticipés venant de la nouvelle usine de Windsor Mills au Québec, étaient à venir et que les prix en bourse des actions de Domtar, alors à 16 $ par action, étaient beaucoup trop bas. Selon M. Campeau, un échange d'actions, basé sur les prix respectifs en bourse des actions de Consolidated-Bathurst et de Domtar, allait donner le contrôle de la nouvelle société résultant de la fusion à Paul Desmarais. En effet, celui-ci contrôlait 42 % de Consolidated-Bathurst, qui était cotée en bourse à une valeur totale de 25 % plus élevée que la valeur des actions de Domtar.

Paul Desmarais a bientôt eu un argument massue pour faire accélérer cette fusion en janvier 1989. Il venait de recevoir une offre ferme à 25 $ l'action, valable pour 48 heures, de Stone Containers de Chicago pour 100 % des actions de Consolidated-Bathurst, soit la somme de 2,6 $ milliards. Malgré cette offre, Paul Desmarais était toujours intéressé à la fusion C.B.-Domtar, mais avec cette nouvelle offre en poche, il se devait de négocier rapidement.

Inquiet de l'attitude de la Caisse qui refusait un échange basé sur la valeur respective des actions en bourse de Domtar et de C.B., M. Desmarais est allé intercéder directement auprès du premier ministre, Robert Bourassa. Celui-ci a refusé de s'impliquer dans cette affaire et a référé le président de Power Corporation de nouveau à Jean Campeau.

On a recommencé les négociations en catastrophe. Même si les discussions se sont poursuivies jusqu'à tard dans la nuit entre la Caisse de dépôt et l'équipe de Power Corporation/Consolidated-Bathurst, on n'est pas arrivé à une entente. Malgré l'offre de 25 $ par action de Stone qui bonifiait C.B., on n'a pas pu s'entendre sur les taux d'échange respectifs basés sur les prix en bourse. Le président de la Caisse, à qui la gent politique libérale avait refilé cette «patate chaude», a donc refusé les termes d'échange proposés par Power Corporation et la transaction a avorté.

Ce refus de Jean Campeau a permis à Power Corporation d'encaisser plus de 1,1 $ milliard et d'éviter une situation déficitaire pénible qui allait durement affecter les deux sociétés papetières. Quant à Stone Container, le malheureux acheteur de Consolidated-Bathurst, il a vu son titre tomber de 32 $ en 1989 à 8 $ en 1993 pendant que ses titres obligataires étaient placés sur une cote d'alerte par Wall Street.

Au moment de ce refus de la Caisse, il restait environ une année avant que Jean Campeau ne finisse son mandat de président. Celui-ci avait l'oeil sur la présidence du conseil de Domtar et il savait que Power Corporation exigerait que Consolidated-Bathurst soit responsable de la gestion des deux sociétés. Dans ce contexte, il était donc hors de question que M. Campeau devienne président du conseil de la société résultant de la fusion Domtar-C.B. M. Campeau a réalisé son ambition, puisqu'à son départ de la Caisse au début de 1990 il est devenu le président du conseil de Domtar, avec tous les privilèges que cette fonction comportait.

Sans le savoir, l'ancien président de la Caisse venait de sauver la peau de Paul Desmarais qui, sans cette vente à Stone Container, aurait eu la responsabilité de combler lui-même les pertes massives qui ont affecté à la fois Domtar et Consolidated-Bathurst depuis 1989. De plus, les nouveaux propriétaires auraient eu à satisfaire les exigences des nouveaux standards de l'environnement de 1991 qui, seulement pour Domtar, entraîneront des dépenses en capital de plus de 420 $ millions durant les cinq prochaines années.

Tout a donc été pour le mieux, puisque les pertes de Consolidated-Bathurst sont maintenant la responsabilité des actionnaires américains, les pertes de Domtar, toutes aussi importantes, sont épongées par les actionnaires de Domtar, dont évidemment la S.G.F. (les contribuables) et la Caisse de dépôt (les retraités). Finalement, le grand gagnant de cette opération, Power Corporation, s'est consolé de sa défaite en encaissant un chèque de 1,1 $ milliard au début de juin 1989, et la Caisse, tout comme de nombreux petits porteurs, a pour sa part obtenu la somme de 25 $ l'action C.B., soit dans son cas environ 70 $ millions au total.

GAZ MÉTROPOLITAIN

En 1976, à cause de mes nouvelles fonctions à la Caisse de dépôt, j'ai été appelé à siéger au conseil d'administration de Gaz Métropolitain, poste que j'ai occupé jusqu'au début de 1980.

Cette société de distribution de gaz était la propriété à 85 % de Norcen de Toronto. Cette société s'était bien acquittée de son rôle de distributeur de gaz dans la région métropolitaine de Montréal et sa haute direction avait été francisée avant l'avènement de la loi 101. Périodiquement sous-financée à cause des investissements importants qu'elle entreprenait, elle faisait alors appel à son actionnaire principal de Toronto.

De plus, cette société était réglementée par la Régie du gaz et de l'électricité du Québec, qui devait décider des nouvelles augmentations de tarifs ainsi que du rendement maximal sur sa capitalisation. Les profits étaient stables et les actions en bourse se comportaient comme il se doit pour un service public, c'est-à-dire qu'elles avaient peu fluctué depuis les dix dernières années.

En 1980, Norcen a changé de main et est devenue la propriété de Conrad Black, le financier de Toronto et le président d'Argus Corporation. Celui-ci avait d'autres ambitions que de gérer une société de services publics distribuant du gaz au Québec. Aussi lorsque Jean Campeau, persuadé que Gaz Métropolitain était une valeur montante, a téléphoné à Conrad Black pour exprimer son intérêt d'acheteur, celui-ci ne s'est pas trop fait tirer l'oreille. À la fin de 1980, M. Black a vendu à la Caisse de dépôt, pour 119 $ millions, le 65 % de contrôle détenu par Norcen. Une somme relativement importante venait d'être payée à Norcen, mais encore une fois rien de cet achat par la Caisse de Dépôt n'a servi à l'expansion de Gaz Métropolitain.

Puisque la Caisse de dépôt ne pouvait posséder plus de 30 % dans une société, il fallait lui trouver un associé

pour Gaz Métropolitain. M. Campeau, grâce à ses relations au sein du gouvernement provincial, a obtenu l'assurance du ministre de l'Énergie et des Ressources, Yves
Bérubé, que Soquip était intéressée à faire l'acquisition
du 35 % en trop, soit un achat de 64 $ millions.

Mais Soquip n'avait pas les fonds nécessaires à cette
acquisition. Il a donc fallu inventer à ce moment-là une
méthode complexe de création d'un holding et, grâce au
courtier en valeur Lévesque, Beaubien, les actions excé-
dant le niveau permis de 30 % ont été acquises avec un
droit de revente à la Caisse en attendant qu'une solution
permanente soit trouvée. On venait d'acquérir le
contrôle d'une société de service public déjà sous le
contrôle réglementaire de la Régie du gaz et de l'électricité à des conditions relativement avantageuses. Les actions avaient été acquises initialement par
l'intermédiaire d'une obligation convertible payant un
intérêt de 12 %. Finalement, en 1991, la Caisse a fait
l'acquisition, en collaboration avec la Société québécoise d'initiatives pétrolière (Soquip), des actions de Noverco, le holding détenant le contrôle de Gaz
Métropolitain. Les deux sociétés d'État ont modifié le
statut de Gaz Métropolitain en celui de société en commandite et ont lancé un appel d'offres à des partenaires
industriels potentiels.

Il semblerait donc que, malgré la difficulté d'analyser
les permutations de ce placement, à partir de Gaz Métropolitain pour finir en société en commandite, cet investissement de la Caisse ait été profitable.

LE PORTEFEUILLE DE PARTICIPATIONS

Peu après mon arrivée à la Caisse de dépôt, Claude Prieur a décidé de créer un nouveau portefeuille qu'on a appelé celui des placements privés. Ce portefeuille avait comme but de financer des entreprises non-publiques, mais qui pouvaient le devenir, par une combinaison d'achat d'actions du trésor et d'obligations garanties par l'actif des sociétés.

Lorsque l'entreprise s'inscrivait à une bourse, elle était transférée au portefeuille d'actions général. Exceptionnellement, le portefeuille de placements privés pouvait acheter des participations dans des sociétés impliquant le rachat d'actionnaires existants. Le plus connu de ces investissements a été fait en 1971 sous l'égide de Gérard Cloutier, alors directeur général adjoint de la Caisse de dépôt, dans une société appelée National Cablevision, une entreprise de cablovision alors propriété d'intérêts américains. Ceux-ci ont été forcés de vendre leur participation à des intérêts canadiens à cause d'un nouveau règlement du CRTC (Conseil de la radiodiffusion et de la télécommunication canadienne) qui ne permettait pas à des étrangers de détenir plus de 25 % des actions d'une société de télédiffusion et/ou de cablovision. Simultanément, un consortium composé d'autres institutions financières québécoises a été créé grâce à l'initiative de la Caisse de dépôt qui a conservé néanmoins son maximum permis par la loi, soit 30 %.

Plus tard, en 1980, avant le départ des cadres en place de la Caisse, ces actions ont été échangées contre des actions de Vidéotron. Cette dernière société est par la suite devenue publique, donnant ainsi une plus-value de taille à l'investissement initial de la Caisse de dépôt fait en 1971 pour moins de 4 $ millions. Ceci a permis à la nouvelle administration de la Caisse de se «péter les bretelles» lors de son mandat, en oubliant de mentionner que c'était à cause de la «vieille gang», comme l'appelait Jean Campeau, que cet investissement initial avait été fait.

Lors de la venue de M. Campeau à la Caisse, on a changé le nom du portefeuille de placements privés pour celui de portefeuille de participations. De plus, on y a mis tous les placements inscrits en bourse ayant un intérêt spécial pour le président de la Caisse de dépôt, tels que Provigo (Univa), Domtar et C.P. (Canadien Pacifique). Ceci permettait à Jean Campeau et ses aides nouvellement engagés de mettre sous leur contrôle les décisions de gestion quant à ces titres, plutôt que de les laisser sous le contrôle des portefeuillistes qui n'auraient comme objectif que de maximiser les gains.

Pour les cadres en place, la politisation de la Caisse rendait leur vie intenable. Ils ont eu de vives discussions afin de démontrer à M. Campeau les désastres qui se préparaient si la Caisse continuait sur cette lancée. Comme, par exemple, si elle ne renonçait pas à investir massivement dans Domtar et Brascade, à l'encontre de l'avis des analystes en place. Ceux-ci n'ont pas été écoutés et ils ont dû démissionner avant la fin de l'année 1980.

Devenu maître à bord, Jean Campeau se voyait enfin l'égal des magnats canadiens de la finance. Il oubliait cependant que les objectifs d'un fond de pension tel que ceux de la Régie des rentes du Québec étaient bien différents de ceux des entrepreneurs privés. Ceux-ci ont leur propre scénario de contrôle et d'intégration d'entreprises, s'opposant souvent aux objectifs d'une caisse de retraite.

Lors d'un discours à Toronto le 28 février 1983, M. Campeau a fait remarquer que : «Si un investissement important dans une entreprise est profitable pour mes associés de Brascan ou pour mon ami Paul Desmarais, il l'est aussi pour la Caisse de dépôt.»

Grâce à la Caisse de dépôt, Brascan a pu prendre le contrôle de Noranda Mines. Paul Desmarais n'a été que trop content de se débarrasser de ses actions de Domtar lorsque la Caisse de dépôt et l'infortunée S.G.F. ont décidé de payer le gros prix pour en acquérir le contrôle partiel. Dans les deux cas, l'objectif de la Caisse de dépôt ne pouvait coïncider avec ceux de Brascan, actionnaire majoritaire de Brascade, ou de Power Corporation, actionnaire de Domtar. Les événements subséquents l'ont d'ailleurs amplement démontré.

Si tous ces millions engloutis dans Domtar ou Brascade (Noranda) avaient au moins servi à renflouer les trésoreries de ces deux sociétés, on aurait eu (grâce aux millions de la Caisse) deux entreprises des mieux capitalisées et avec un minimum d'endettement. Au lieu de cela, la plus grande partie des sommes englouties dans Domtar est allée d'abord dans les coffres de MacMillan Bloedel à la fin de 1979. Finalement, en 1980, elles ont profité aux filiales de Power Corporation qui ont vendu leur participation dans Domtar directement à la Caisse de dépôt. Des 248 $ millions investis par la Caisse, 79 $

millions (ou moins du tiers) seulement ont atteint la trésorerie de Domtar. On peut aussi conclure que, pour Brascade, 450 $ millions de cet investissement représentait un apport de capital net. Cependant, il faut se rappeler que ce montant énorme a été affecté au rachat des actionnaires existants de Noranda. Pour la trésorerie de Noranda, l'effet de cette infusion d'argent est un beau zéro.

Ceci m'amène donc à la conclusion que les placements faits dans le portefeuille de participations ne devraient être faits (sauf en cas de circonstances exceptionnelles) que dans de nouvelles actions de sociétés et que ces placements devraient être transférés au portefeuille d'actions général lorsque les titres deviennent inscrits en bourse.

COÛT DE L'INTERVENTIONNISME
POUR LA CAISSE DE DÉPÔT

1.PROVIGO-UNIVA

La position de plus de 22 % du capital de Provigo, acquise par l'équipe de Claude Prieur bien avant l'avènement de Jean Campeau, a été achetée à un prix tellement bas qu'elle a constitué pour la Caisse de dépôt une source importante de plus-value, même si plus tard les permutations nombreuses entre Sobey et Unigesco en ont amoindri la valeur. Il est donc impossible d'évaluer le manque à gagner de la Caisse dans ce placement si ce n'est que, sans l'intervention de la Caisse, l'entreprise aurait été beaucoup plus profitable et la plus-value en bourse plus élevée. Sans les interventions de Jean

Campeau, la Caisse d'aujourd'hui n'aurait pas à s'accabler de la vente possible d'Univa à des Américains afin de renflouer son actionnaire principal, Unigesco.

2. STEINBERG-SOCANAV

Il est plus facile d'évaluer la perte dans cet investissement qui est de l'ordre de 448 $ millions pour la Caisse de dépôt et de 40 $ millions pour la S.D.I. (voir Tableau I).

3. BRASCADE

Perte estimée pour la Caisse de dépôt, incluant un manque à gagner d'intérêt sur huit ans : 858 $ millions (voir Tableau II).

4. DOMTAR

Nous pouvons estimer à 10,65 $ par action le coût de Domtar pour la Société générale de financement. On arrive à obtenir ce total en examinant les états financiers de cette dernière, mais l'on ne peut l'obtenir aussi facilement en examinant ceux de la Caisse.

En me basant sur le fait que, à mon départ de la Caisse de dépôt en 1979, il y avait un investissement de 6,8 $ millions dans Domtar, soit environ 1 600 000 actions à un prix d'acquisition de 4,25 $, j'estime que la Caisse a payé environ 10,00 $ par action pour ses 24 823 000 actions de Domtar au 31 décembre 1992.

TABLEAU III
PERTE DANS DOMTAR

(en millions de $)

Coût d'acquisition de Domtar	248,0
Moins : Valeur marchande de Domtar	130,8
PERTE	117,2

Note : Je n'inclus pas de manque à gagner d'intérêt dans ces calculs, puisque Domtar a payé des dividendes jusqu'en 1991.

TABLEAU IV
PERTE TOTALE DÛE À L'INTERVENTIONNISME
(estimés au 31 décembre 1992 - récapitulatif)

1. Perte pour la Caisse de Dépôt

(en millions de $)

Steinberg-Socanav	448,0
Brascade	858,0
Domtar	117,2
TOTAL	1 423,2

2. Perte pour la S.D.I.

Steinberg-Socanav	40
Domtar	50
TOTAL	90

71

TABLEAU IV (suite)

3: Perte pour le groupe S.G.F.

Domtar   150

En additionnant les trois, on en arrive à une perte to-
tale estimée pour les agences gouvernementales
impliquées dans les opérations financières reliées à
Steinberg-Socanav, Brascade et Domtar de 1663 $ mil-
lions (1,663 $ milliard).

LA CAISSE DE DÉPÔT ET SON INDÉPENDANCE
DU POUVOIR POLITIQUE

En 1991, le gouvernement provincial libéral a fait
nommer à la Caisse Jean-Claude Delorme, un homme
respecté du secteur privé mais sans expérience dans
la gestion d'investissements. Quelque temps plus
tard, le pouvoir politique a fait nommer Guy Savard à
un nouveau poste spécialement créé de président et
chef des opérations. Ce comptable agréé de Sherbrooke était un ancien organisateur du Parti libéral et
on le connaissait bien dans les milieux de développement immobilier de la région de Magog.

Il est décourageant de constater que cette nomination,
malgré la valeur de l'individu, perpétuait cette emprise du
pouvoir politique sur la Caisse de dépôt avec toutes les
conséquences négatives que ceci peut entraîner. Il y avait
effectivement une rumeur selon laquelle la Caisse de dépôt
était parfois paralysée dans son fonctionnement à cause de

dissensions entre les cadres engagés par Jean Campeau et ceux récemment nommés par le gouvernement libéral.

Ces ingérences gouvernementales, tant du côté du Parti québécois, qui a amorcé la tendance, que du Parti libéral qui la continuait par la nomination à un poste important d'un ancien organisateur libéral, risquent d'amener la paralysie administrative de cette institution financière clef du Québec.

Nous pouvons même concevoir la situation loufoque, après l'élection d'un gouvernement du Parti québécois en 1994, où d'autres nominations politiques seraient faites à la Caisse de dépôt pour contrer celle de M. Savard. Il faut donc arrêter ce procédé qui tend à dénaturer l'intention des législateurs de 1965 quant à l'indépendance de la Caisse de dépôt vis-à-vis des influences politiques qui, comme je l'ai démontré, peuvent être particulièrement nocives.

LE MONOPOLE DE GESTION DES ÉPARGNES

Au fil des années, la Caisse de dépôt est devenue à toute fin pratique l'organisme administrant l'ensemble des caisses de retraite et fonds publics du Québec. Cette gestion par la Caisse, qui ne laisse aucun choix aux déposants, a été entérinée en vertu de lois votées par l'Assemblée nationale du Québec.

Voici donc, en date du 31 décembre 1992, un tableau extrait du rapport annuel de la Caisse de dépôt. Il montre les avoirs des déposants, dont le principal est la Régie des rentes du Québec. Plus bas, sont listés onze autres organismes qui ont été forcés d'utiliser la Caisse de dépôt au fil des années.

TABLEAU V (AVOIR DES DÉPOSANTS À LA CAISSE DE DÉPÔT AU 31/12/92)

Déposants	Sigle	Premier dépôt	Nombre de cotisants[1]	Avoir des cotisants[2]
Régie des rentes du Québec	R.R.Q.	1966	2 999 200	15 200,7
COMMISSION ADMINISTRATIVE DES RÉGIMES DE RETRAITE ET D'ASSURANCE:	CARRA			
Régime de retraite des employés du gouvernement et des organismes publics	RREGOP	1973	490 000	12 895,0
Régime général de retraite des maires et des conseillers des municipalités		1975	—	—
Régime particuliers		1977	500	42,2
Régime de retraite des élus municipaux		1989	2 200	79,1
Société de l'assurance automobile du Québec	SAAQ	1978	4 165 000	5 328,0
Commission de la santé et de la sécurité du travail	C.S.S.T	1973	184 030	3 834,6
COMMISSION DE LA CONSTRUCTION AU QUÉBEC	C.C.Q.			
Régime supplémentaire de rentes pour les employés de l'industrie de la construction au Québec		1970	95 000	3 753,1
Fonds d'assurance-prêts agricoles et forestiers	FAPAF	1978	1	23,5
Régie des assurances agricoles du Québec		1968	49 488	—
Régie des marchés agricoles et alimentaires du Québec	R.M.A.A.Q	1967	58	3,0
Régime de l'assurance-dépôt du Québec		1969	1 384	120,6
La Fédération des producteurs de bovins du Québec		1989	26 286	1,0
Régime complémentaire de rentes des techniciens ambulanciers oeuvrant au Québec	RRRTAQ	1990	3 093	19,3
Office de la protection du consommateur Fonds des cautionnements collectifs des agents de voyages	OPC	1992	1 000	7,1

(1) estimation (2) valeur marchande en millions de dollars

Initialement, le but de la Caisse de dépôt était d'administrer la Régie des rentes du Québec. Plus tard, les législateurs ont décidé d'y centraliser la gestion de nombreux fonds publics et parapublics du Québec. Ces déposants listés au Tableau V n'ont pas eu de liberté de choix et sont virtuellement prisonniers selon leur statut à la Caisse de dépôt.

De plus, la dimension de la Caisse de dépôt devient un frein à maximiser les rendements sur les sommes confiées par les déposants, *ce qui en somme est la raison d'être de toute gestion de fonds*. Si l'on considère les rendements comparatifs des placements de la Caisse de dépôt à certains indices de référence, nous nous rendons compte qu'en dehors du portefeuille d'immeuble qui a obtenu un rendement annuel composé minuscule de 1,8 % sur 5 ans, les différents portefeuilles on fait marginalement mieux que les indices de référence, soit sur une période de cinq ans pour les obligations, 12,7 % pour la Caisse contre 12,3 % pour l'indice Scotia McLeod, les actions canadiennes 5,9 % contre 4,9 % pour l'indice TSE 300, les actions étrangères 6 % contre 4,8 % pour l'indice Morgan Stanley et finalement les financements hypothécaires 12,5 % contre 12,2 % pour l'indice Scotia McLeod.

Toutefois, cette comparaison n'a pas beaucoup de valeur pratique, puisqu'on ne confie pas ses fonds à un gestionnaire pour qu'il achète l'indice de la Bourse de Toronto, mais bien afin qu'il donne une valeur ajoutée suivant une stratégie de placement qui n'a souvent pas grand chose à voir avec les indices.

Aussi, la comparaison la plus utile serait celle du rendement de la Caisse de dépôt par rapport à différents organismes qui font aussi la gestion de fonds, de façon à conclure si la Caisse fait mieux ou pire qu'un autre gestionnaire.

Suivant cette méthode plus appropriée, il est clair que la Caisse de dépôt se tient sous la moyenne des gestionnaires canadiens quant au rendement obtenu pendant les derniers cinq ans et durant l'année 1992 avec un portefeuille diversifié.

Pour cela, j'utiliserai les services d'évaluation de fonds S.E.I. pour évaluer le taux de rendement comparatif de la Caisse de dépôt.

TABLEAU VI

RENDEMENT COMPARÉ DES PLACEMENTS

	Année 1992	Taux annuel composé (5 ans) 1988-1992
Caisse de dépôt, ensemble des placements	4,5 %	9,7 %
S.E.I., ensemble des Caisses diversifiées		
Premier quartile	7,8 %	10,0%
Médiane	5,9 %	9,9 %
Troisième quartile	4,9 %	9,4 %

Sources : Rapport annuel de la Caisse de dépôt et Rapport S.E.I.

Nous voyons donc que les taux de rendement obtenus par le premier quartile de l'ensemble des caisses se rapportant à la S.E.I. sont de beaucoup supérieurs à celui de la Caisse de dépôt pour l'année 1992 et la période 1988-1992 pour le premier quartile, c'est-à-dire ceux des Caisses de retraite ayant été parmi les 25 meilleures sur 100.

Quant au taux de rendement obtenu par la médiane des caisses, il est encore supérieur à celui de la Caisse pour 1992 et légèrement supérieur sur 5 ans. La Caisse de dépôt se situerait donc parmi les gestionnaires à la queue de la classe, soit au troisième quartile.[9] La Caisse se devrait de mettre l'accent sur les mesures de rendement absolu et comparatif dans son rapport annuel, plutôt que de fournir une pléthore de renseignements sur la composition du portefeuille.

Plusieurs diront que la grosseur de la Caisse est un handicap à un meilleur rendement, ce qui est évident surtout si l'on compare la dimension de la Caisse relativement à l'économie canadienne et à l'économie américaine. Avec des actifs en valeur marchande de plus de 41 $ milliards, la Caisse à un poids indu sur l'économie du Québec. Pour fin de comparaison, le plus gros gestionnaire de fonds aux États-Unis est un organisme parapublic qui investit les fonds de pension des employés

9   Sans les pertes de 1,4 $ milliard créées par l'interventionnisme de la Caisse, celle-ci aurait eu un rendement annuel de près de 1 % de plus pour les années 1988-1992, la plaçant ainsi dans le premier quartile des caisses diversifiées.

publics de la Californie, appelé CALPER. Cet organisme a des actifs de 160 $ milliards, mais il opère dans le contexte d'une économie quarante fois plus importante que celle du Québec et onze fois plus importante que celle du Canada tout entier.

En utilisant une comparaison Canada/États-Unis, la Caisse de dépôt a un poids économique équivalent à 451 $ milliards par rapport à la CALPER avec ses 160 $ milliards d'actif. La Caisse est donc beaucoup trop grosse par rapport aux marchés financiers québécois, ce qui la rend omniprésente dans la vie économique du Québec. Un entrepreneur qui se fait refuser par la Caisse de dépôt ne peut pas plaider sa cause auprès d'un autre organisme de taille semblable. Inversement, lorsque la Caisse de dépôt décide de boycotter un entrepreneur, celui-ci devient à la merci de la Caisse et il peut ainsi se faire mettre dans une situation périlleuse (voir le texte sur Unigesco). De plus, la taille de la Caisse entraîne nécessairement des difficultés pour maximiser les rendements des déposants qui, eux, sont condamnés à demeurer avec la Caisse de dépôt.

Il existe au Québec de nombreuses sociétés de gestion de fonds administrées par des Québécois francophones et anglophones qui seraient parfaitement habilitées à soumissionner pour la gestion des biens des déposants, autres que ceux de la Régie des rentes, qui sont présentement gérés par la Caisse de dépôt. Les mandats ainsi obtenus par soumission publique seraient basés sur une gestion de cinq ans renouvelables pour un autre cinq ans à la discrétion des déposants. Je suis persuadé que les déposants, sauf pour la Régie des rentes, devraient avoir la possibilité en droit de confier leurs épargnes collectives à d'autres gestionnaires que la Caisse de dépôt. Les rendements obtenus par d'autres gestionnaires de fonds de retraite ont été souvent plus élevés que ceux obtenus par la Caisse de dépôt qui, évidemment, est handicapée dans sa performance par sa taille gigantesque.

La taille de la Caisse de dépôt devrait lui être un avantage quant aux proportions de frais administratifs par rapport aux biens sous gestion. Malheureusement, tel n'est pas le cas; après avoir été stable pendant de nombreuses années les frais de gestion ont grimpé de 0,058 % en 1988 pour se situer à 0,094 % en 1992, comme l'on peut voir au Tableau VII.

TABLEAU VII

**ÉVOLUTION DES FRAIS DE GESTION
DES CINQ DERNIÈRES ANNÉES**

				(en millions de $)	
	1992	**1991**	**1990**	**1989**	**1988**
Biens sous gestion	39 802	38 158	36 047	34 032	29 918
Frais de gestion	37,4	31,4	25,3	19,8	17,5
Frais de gestion (en % de l'actif)	0,094	0,082	0,070	0,058	0,058

Sources : Rapports annuels de la Caisse de dépôt

Certains diront évidemment que ces frais de gestion de moins de 0,10 % représentent une aubaine par rapport aux frais de gestion de l'ordre de 0,15 % de la plupart des gestionnaires privés; il faut se rappeler que les gestionnaires privés exigent 0,15 % de frais de gestion sur des actifs d'environ 500 millions de dollars; on doit s'attendre à des pourcentages de frais de gestion beaucoup plus modestes lorsqu'on considère l'actif de la Caisse qui est de l'ordre de 40 milliards de dollars. En fait il ne devrait pas coûter beaucoup plus cher d'administrer 40 $ milliards en 1992 que 30 $ milliards comme en 1988. Il faut se demander si la tendance naturelle de l'administration d'une société d'État telle que la Caisse de dépôt n'est pas de bâtir un empire, surtout lorsque l'on considère le nombre d'employés qui est passé de 195 en 1987 à 331 en 1992, soit une augmentation de 70 %.

Il serait souhaitable que la législation québécoise soit amendée pour laisser le libre choix aux déposants publics et parapublics suivants de confier leurs épargnes à des gestionnaires qualifiés basés au Québec (la Caisse de dépôt y compris). Il s'agit des neufs organismes dont les dépôts sont présentement gérés par la Caisse : CARRA, RREGOP, SAAQ, CSST, CCQ, FAPAF, RMAAQ, RRTAQ et OPC.

Sinon, la Caisse de dépôt devrait être scindée en deux afin de créer une concurrence saine dans la gestion de nos épargnes collectives et un esprit d'émulation qui est loin d'exister maintenant à la Caisse qui a un monopole de la gestion de nos épargnes venant de la Régie des rentes et de plusieurs autres organismes parapublics. La dimension excessive de la Caisse de dépôt par rapport à l'économie du Québec et par rapport aux autres institutions financières rend importante la création d'une deuxième Caisse de dépôt, ce qui donnerait en plus un choix de gestion aux organismes publics et parapublics forcés présentement de confier la gestion de leurs fonds à une seule Caisse. Les deux Caisses de dépôt pourraient partager l'appareil administratif existant et permettre ainsi aux gestionnaires des deux organismes, d'abaisser leurs frais d'administration respectifs.

En s'assurant que les dirigeants de ces deux futures institutions d'épargne soient à l'abri des influences politiques, le Québec pourrait ainsi faire bénéficier la population d'une meilleure gestion de ses épargnes collectives.

CHAPITRE II
LES SOCIÉTÉS D'ÉTAT
OU L'ÉTAT CAPITALISTE

IL Y A UN NOMBRE IMPORTANT d'entreprises d'État au Québec. Les plus connues cependant sont celles qui ont exigé le plus de capitaux de la part des contribuables. Je voudrais ici me restreindre aux entreprises où j'ai eu un rôle à jouer, soit en tant que gestionnaire à la Caisse de dépôt, soit en tant qu'administrateur.

ASBESTOS CORPORATION

En novembre 1976, lors de la victoire du Parti québécois, je venais d'obtenir une promotion à la Caisse de dépôt au poste de directeur conseil en investissements corporatifs. Au comité directeur de la Caisse de dépôt dont je faisais partie, nous étions très inquiets d'une promesse du Parti québécois, faite durant la campagne électorale de 1976, de transformer le Québec en l'équivalent de l'OPEP (le cartel du pétrole) pour ce qui avait trait à l'amiante.

La Caisse de dépôt possédait déjà 5 % d'Asbestos Corporation, à un coût de 21,00 $ par action, et les gestionnaires de portefeuille avaient déjà eu vent des problèmes d'environnement et de santé reliés à l'amiante.

83

Effectivement, plusieurs poursuites avaient déjà été engagées contre les utilisateurs et les producteurs d'amiante, dont la Johns-Manville, le plus gros producteur d'amiante en Amérique du Nord qui devait faire faillite quelques années plus tard.

Quelques années auparavant, General Dynamics de St. Louis, aux États-Unis, avait acheté le contrôle de 51 % d'Asbestos Corporation à des prix approchant 20,00 $ l'action. Mais sentant la soupe chaude, elle avait déjà commencé à rechercher un acheteur pour ses actions.

Le programme du Parti québécois tombait dans le mille puisqu'il était beaucoup plus facile d'acquérir le contrôle d'une compagnie publique que de négocier l'achat à 100 % de Johns-Manville, une société privée beaucoup plus importante qu'Asbestos.

Fort de son expérience antérieure d'offres publiques d'achat aux sociétés d'électricité du Québec, Jacques Parizeau a entrepris de négocier avec General Dynamics l'achat de leur investissement de contrôle dans Asbestos Corporation.

Bons négociateurs, les Américains ont annoncé que leurs actions d'Asbestos Corporation n'étaient pas à vendre. Le premier ministre René Lévesque a alors fait planer la menace d'une nationalisation par le mécanisme législatif.

C'est à ce moment, vers le mois de mai 1977, que Marcel Cazavan, président et directeur général de la Caisse, a arrangé pour moi un rendez-vous au bureau du ministre des Finances, avec Jacques Parizeau, l'ultime patron de la Caisse de dépôt et placement du Québec.

Après avoir fait antichambre comme il se doit pendant au moins trente minutes, on m'a introduit dans son bureau. J'ai serré la main du ministre des Finances du cabinet de René Lévesque, qui avait alors 43 ans. Comme préambule, je lui ai fait part de mes inquiétudes concernant la nationalisation probable d'Asbestos Corporation et des possibilités de poursuites contre les sociétés qui produisaient et utilisaient l'amiante.

«Monsieur Arbour, m'a répondu M. Parizeau, nous sommes parfaitement au courant des poursuites contre Asbestos Corporation et contre General Dynamics (le propriétaire de 51 % des actions d'Asbestos Corporation). Nous sommes parfaitement conscients, a-t-il continué, des problèmes qu'entraîneraient l'expropriation et la nationalisation d'Asbestos Corporation sur la cote de crédit de la province de Québec, mais nous allons prendre les mesures nécessaires pour respecter les engagements du gouvernement.»

Je lui ai alors demandé si la promesse électorale faite par René Lévesque concernant l'amiante devait engager le présent gouvernement puisque les coûts de la nationalisation seraient particulièrement onéreux. M. Parizeau m'a alors rétorqué que la promesse électorale de M. Lévesque en ce qui a trait à l'amiante était un engagement que le gouvernement du Québec réaliserait par l'achat, volontaire ou non, d'Asbestos Corporation.

J'ai quitté cette réunion peu rassuré et j'ai transmis au comité directeur de la Caisse de dépôt ce que je venais d'apprendre.

En 1977, le gouvernement du Québec considérait le développement économique des régions productrices d'amiante comme un des facteurs importants dans son programme de stimulation économique de l'ensemble du Québec. Le gouvernement québécois a donc créé en mai 1978 la Société nationale de l'amiante qui avait pour but d'acquérir les sociétés d'amiante visées par la loi.

La première société visée a été Asbestos Corp., détenue par General Dynamics de St. Louis. Une première offre raisonnable de 42 $ a été rejetée par la compagnie-mère. En 1979, une loi a été votée à l'Assemblée nationale permettant au gouvernement du Québec d'exproprier, si nécessaire, Asbestos Corporation.

Pour gagner du temps, General Dynamics est allée en appel devant la Cour d'appel du Québec pour mettre en doute le pouvoir d'expropriation du gouvernement québécois. La compagnie a été déboutée au printemps 1981 et, de guerre lasse, le gouvernement du Québec a imposé la date limite du 30 novembre 1981 pour en venir à une entente négociée. La nationalisation sans expropriation a finalement eu lieu.

Un arrangement compliqué a permis au Québec de retarder l'échéance de paiement pour l'achat d'Asbestos Corp. et, le 9 novembre 1981, la Société nationale de l'amiante (S.N.A) a acheté les actions d'Asbestos Corp. détenues par General Dynamics pour la somme de 165 $ millions, soit un prix effectif d'environ 85 $ l'action.

Aucune offre correspondante n'a été faite aux actionnaires minoritaires, et cela malgré l'obligation de le faire, selon les règlements de la Commission des valeurs mobilières de l'Ontario. Celle-ci avait juridiction sur Asbestos Corp. puisque cette dernière était inscrite à la Bourse de Toronto.

Pour la première fois dans notre histoire, une expropriation d'entreprise a entraîné la situation invraisemblable où l'on a payé grassement l'actionnaire étranger américain que l'on ne voulait pas l'offenser, sans rien donner aux actionnaires locaux.

Cette situation intolérable a été évidemment portée devant les tribunaux. La Cour suprême du Canada a prononcé en juin 1993 un jugement affirmant le droit de la Commission des valeurs mobilières de l'Ontario d'obliger le Québec à faire une offre aux actionnaires minoritaires d'Asbestos Corporation semblable à celle obtenue par General Dynamics. Si le gouvernement du Québec perd cette cause, la note sera «salée». Avec les intérêts, le gouvernement devrait débourser la somme d'environ 120 $ l'action, soit au total 130 $ millions de plus.

Entre temps, la situation des ventes d'amiante a continué de se détériorer. Le point culminant a été atteint en juillet 1989, lorsque le gouvernement américain a annoncé qu'il bannissait toute importation d'amiante aux États-Unis.

Ne voyant pas d'issue, le gouvernement du Québec, par la Société nationale de l'amiante (S.N.A), a finalement vendu sa participation dans Asbestos Corp. en septembre 1992. Le prix de vente était la somme de 34 $ millions, payable sur plusieurs années. En même temps on garantissait à l'acheteur, le Groupe Mazarin, que le gouvernement du Québec se porterait garant de toute poursuite contre Asbestos Corporation antérieure à l'achat par le nouveau groupe.

Voici donc tel qu'indiqué dans le Tableau VIII ce qu'a coûté cette aventure aux contribuables québécois, sans tenir compte des frais judiciaires et des intérêts considérables sur les sommes engagées.

TABLEAU VIII
COÛT DE L'OPÉRATION ASBESTOS CORPORATION
(en millions de $)

Novembre 1981,	
Achat des actions de General Dynamics	165
Janvier 1986,	
Achat par S.N.A. de Bell Asbestos,	
Atlas-Turner et Lab Carysotile	20
Décembre 1990, Prêt à long terme de S.N.A.	55
Décembre 1991, Passif du Fonds de pension	2
SOUS-TOTAL	242
MOINS:	
Vente par S.N.A. du 8 septembre 1992	(34)
(payable sur 10 ans)	
Coût (avant la décision de la Cour suprême)	208
Coût additionnel probable	
(en cas de décision défavorable de la Cour	
suprême, sans les frais judiciaires)	130
COÛT FINAL PROBABLE	**338**

LE CAS QUÉBECAIR

Vers la milieu de l'année 1977, après l'élection du Parti québécois au gouvernement, on a créé de nouveaux

ministères appelés super-ministères parce qu'ils cha-
peautaient d'autres ministères. Ainsi, Bernard Landry,
l'étoile montante du Parti québécois, s'est vu attribuer
un super-ministère, où il pouvait mettre en action son
énergie remarquable. En tant que super-ministre, M.
Landry jouissait d'une grande crédibilité auprès du
conseil des ministres et était en fait le patron de Michel
Clair, le ministre des Transports.

J'ai décidé de demander le 3 mars 1978 une entrevue
à M. Landry. Celui-ci était alors ministre d'État au développement économique, ce nouveau super-ministère
créé par le Parti québécois. J'étais moi-même un employé de la Caisse de dépôt, avec le titre un peu ronflant
de directeur conseil en investissements corporatifs.

J'avais connu Bernard Landry vers la fin des années
soixante lorsqu'il était un jeune fonctionnaire au ministère des Ressources naturelles. Le ministre Landry, arti-
culé et sûr de lui, m'a reçu dans son bureau et a entamé
une conversation sur l'orientation économique du Québec. Nous avons discuté du fameux concept français de
la planification indicative qui, semblait-il, pouvait s'ap-
pliquer au Québec.

Je me suis rendu compte que M. Landry était très pré-
occupé par le dossier de l'heure, à savoir celui de Québecair. Je lui ai exprimé ma réaction d'entrepreneur
privé selon laquelle le Québec ferait mieux de ne pas
s'aventurer dans ce dossier. Le ministre a souri finement
en me demandant si les hommes d'affaires croyaient encore à la main invisible d'Adam Smith. C'était une allu-
sion transparente montrant que l'État québécois,
personnifié par son super-ministre, avait décidé de se

débarrasser des vieux concepts d'entreprises privées et d'agir dans ce dossier en tant qu'État entrepreneur.

Mentionnons ici qu'Alfred Hamel, un ancien camionneur de métier, a pris le contrôle en 1979 de Québecair par l'achat, fortement apprécié de la gent politique d'alors, de l'intérêt majoritaire détenu par Howard Webster. L'ère de l'aviation était finalement arrivée au Québec puisque, pour la première fois, un transporteur aérien était devenu la propriété d'intérêts francophones.

Peu de temps après son acquisition, M. Hamel, voyant que la partie serait dure dans une industrie qu'il connaissait très peu, a décidé de trouver des associés. Il a réussi à obtenir une aide financière d'autres investisseurs québécois, dont la Société d'investissement Desjardins.

Quelques temp plus tard, soit en juillet 1981, Nordair de Montréal, alors propriété à 82 % d'Air Canada (représentée au conseil par Jean Douville), a fait une offre d'achat à tous les actionnaires de la compagnie, soit un montant total de 4,3 $ millions. Cette offre a été qualifiée d'exemplaire sur le plan financier par le ministre Landry.

Ce que M. Douville ignorait toutefois c'est que M. Hamel, président et actionnaire principal de Québecair, était en communication constante avec M. Landry. En juillet 1981, après avoir exigé de Nordair certains privilèges personnels qui lui ont été refusés, Alfred Hamel a amorcé des négociations avec le gouvernement québécois.

Le 16 juillet 1981, une réunion a été arrangée entre les intéressés, dont Jean Douville, vice-président d'Air Canada, Roland Lefrançois, président du conseil de Nordair, ainsi qu'André Lizotte, son président. À cette occasion, le ministre Landry a annoncé au président de Nordair que le gouvernement du Québec allait contrer l'offre de Nordair. L'État proposerait un montant légèrement supérieur, soit 4,8 $ millions, tout en investissant immédiatement 15 $ millions afin de redresser le bilan de Québecair qui était peu favorable. Durant la même réunion, Bernard Landry a affirmé à M. Douville qu'un de ses rêves était d'atterrir à l'aéroport Charles-de-Gaulle à Paris dans un avion qui porterait la fleur de lys sur sa queue. Le gouvernement du Québec allait réaliser bientôt le rêve de son ministre.

Alfred Hamel a été payé près de 2 $ millions pour ses actions par le gouvernement et il a même obtenu une prime par rapport à l'offre de Nordair. Malgré le nouvel investissement de 15 $ millions, les affaires de Québecair ont continué à se détériorer. Afin de moderniser la flotte, des achats importants d'avions au coût de 75 $ millions ont eu lieu en 1982. Cependant, on s'est rendu compte à la fin de 1982 que Québecair avait besoin d'une injection additionnelle de 56 $ millions pour survivre jusqu'à l'année suivante.

Les ministres Landry et Clair venaient de sacrifier les impératifs économiques pour des considérations nationalistes et politiques. La situation a malheureusement continué de se détériorer pour Québecair en 1983. Lors de la victoire des libéraux à l'élection provinciale de 1985, on a donné le dossier de Québecair à Me Fernand Lalonde. Celui-ci a eu la tâche ingrate de trouver une solution visant à débarrasser l'État de ce boulet qui devenait de plus en plus lourd à traîner. Finalement, en juillet 1987, un consortium composé d'hommes d'affaires québécois et de la société

C.P. AIR a accepté de payer 10 $ millions pour les actifs de Québecair, moins le déficit accumulé depuis le début de 1987. Cela a donné un montant net de 5 millions $, soit la valeur aux livres des actifs restants. D'après Jean Douville, l'ancien président de Nordair, cette aventure venait de coûter aux contribuables québécois la bagatelle de 120 $ millions.

La triste histoire de Québecair s'est terminée par l'absorption de ce qui en restait par Canadian Airlines en 1991 et par la disparition du nom de Québecair, si cher à certains de nos politiciens.

LE GROUPE S.G.F.
(Société Générale de Financement)

Mission : «*La S.G.F. a pour mission la promotion et la réalisation, en collaboration avec des partenaires, de projets de développement industriel dans des secteurs stratégiques de l'économie québécoise en conformité avec les politiques de développement économique du Québec.*»[1]

Cette société d'État a été l'ancêtre de toutes les autres sociétés d'État québécoises. Fondée au début des années soixante, elle a eu une mission initiale de regroupement d'entreprises par l'achat de 75 % de Marine Industries. Plus tard, devenue privée, cette société a fait des achats de sociétés publiques comme Domtar. Cette société, grâce à un investissement de la S.G.F. allié à celui de la

───────────

1   Extrait du Rapport annuel de 1991.

Caisse de dépôt, est passée effectivement sous le contrôle de l'État.

En plus de Domtar, les investissements principaux de la S.G.F. ont été faits dans le secteur de l'aluminerie : Aluminerie Bécancour inc. (25 %) et Aluminerie Alouette inc. (20 %). L'implication financière de la S.G.F. dans ces deux projets d'aluminium s'élève maintenant à plus de 585 $ millions. Si l'on ajoute l'investissement de la Caisse de dépôt dans la société Alcan, soit plus de 272 $ millions au 31 décembre 1992, les Québécois ont investi, sans le savoir, un montant de plus de 857 $ millions dans trois entreprises d'aluminium.

Les contribuables québécois devront prier tous les soirs pour que les prix du métal blanc se raffermissent à partir de son bas actuel de 0,60 $ la livre et pour que la Russie cesse son dumping mondial de ce métal. Sinon, la S.G.F. devra faire appel à son actionnaire (le gouvernement du Québec) pour éponger les pertes inévitables de 1992-1993 venant de la vente d'aluminium. Pendant ce temps, Hydro-Québec, qui subventionne la consommation de l'électricité utilisée par les alumineries, continuera de perdre des sommes importantes dans cette activité.

L'autre secteur important d'activité de la S.G.F. est la pétrochimie. Cette industrie connaît elle aussi des années difficiles à cause de la concurrence internationale. Comme la S.G.F. ne présente pas d'état des résultats par secteur d'activité, il est presque impossible d'évaluer les pertes venant de la pétrochimie. Cependant, en 1992, la S.G.F. révèle que les pertes d'Ethylec, sa filiale à 50 %, s'élèvent à 31 $ millions et que Petromont continue de tirer de l'aile. Cette dernière société est en difficulté bien que les gouvernements du Canada et du Québec lui aient accordé une aide financière de 50 $ millions pour les années 1983-1984 et qu'elle ait reçu en plus un montant de 5 $ millions en subventions du Québec pour l'année 1990.

J'évalue donc à 35 $ millions les pertes annuelles venant du secteur de la pétrochimie, pertes qui ne disparaîtront pas tant que les prix des produits chimiques ne se raffermiront pas sur les marchés mondiaux.

La S.G.F. a un autre cauchemar bien réel, celui du secteur naval représenté par sa filiale le Groupe MIL inc., anciennement Marine Industries. Celle-ci a obtenu au milieu des années 1980 un sous-contrat important de construction de frégates pour la marine canadienne. Malheureusement, l'exécution de ce contrat s'est avéré un véritable gouffre financier. Cette société à part entière de la S.G.F. fait maintenant face à des poursuites de 1,7 $ milliard intentées par l'entrepreneur général qui, quant à lui, est poursuivi pour 20 $ millions par la S.G.F. Les pouvoirs politiques ont tenté de résoudre cette situation intenable. À la fin de 1991, ils ont accordé au Groupe MIL inc. une aide financière de 363 $ millions répartie ainsi : 263 $ millions par le gouvernement du Canada et 100 $ millions par celui du Québec.

Finalement, la S.G.F., de concert avec la Caisse de dépôt, a acheté au cours des années près de 28 millions d'actions de Domtar au coût, inscrit aux états financiers, de 296 $ millions. La valeur marchande de ces actions étant de 146 $ millions au 31 décembre 1992, nous pouvons conclure que la S.G.F. a essuyé une perte de capital de l'ordre de 150 $ millions sur cet investissement.

Ainsi l'État québécois, après avoir investi au cours des années plus de 350 $ millions de capital dans la S.G.F., se retrouve forcé de subventionner directement deux divisions de celle-ci, soit la pétrochimie et les chantiers navals, et indirectement les alumineries grâce à des subventions d'Hydro-Québec. Il est évident que, avec des dettes bancaires à long terme de plus de 480 $ millions au 31 décembre 1992 et une conjoncture défavorable, l'actionnaire de la S.G.F. sera appelé bientôt à contribuer une nouvelle injection de capital, à moins qu'un acheteur imprévisible ne vienne nous enlever ce boulet.

J'estime à environ 600 $ millions l'investissement fait par le Québec dans la S.G.F., incluant l'aide financière aux filiales en difficulté. La valeur qui serait obtenue par une vente à l'entreprise privée serait très en deçà de ce montant.

LA SIDBEC ET SA FILIALE SIDBEC-DOSCO

Mission : *«Poursuivre l'exploitation d'un complexe sidérurgique, seul ou avec des partenaires, dans le but d'assurer, dans des conditions de rentabilité, la consolidation et l'expansion de ses opérations, de telle sorte que soit encouragé le développement d'entreprises industrielles consommatrices d'acier au Québec.»*

La création de Sidbec est issue d'un désir de Jacques Parizeau, alors conseiller spécial du gouvernement Lesage. M. Parizeau voulait compenser les prix d'acier plus élevés au Québec qu'en Ontario à cause de l'absence de production québécoise, surtout en acier plat. Sidbec a donc été créée au début des années 1960 par la loi sur l'établissement d'un complexe sidérurgique.

Au milieu des années soixante, Sidbec a fait l'acquisition de la société Dosco. Cette dernière venait de faire son premier investissement important à Contrecoeur dans un laminoir composé de machineries allemandes usagées. Malheureusement, ce laminoir n'a jamais réussi à produire l'acier plat en qualité et en quantité suffisante pour satisfaire sa clientèle.

Sidbec a évolué avec des pertes à peu près uniformes tout en continuant à faire de nouveaux investissements. Dans les années soixante-dix, elle a investi dans une usine de réduction de l'acier par un procédé suédois qui semblait très prometteur.

C'est à ce moment, en 1976, qu'une décision a été prise de ne plus dépendre de sources externes pour l'achat du minerai de fer. Après tout, le Québec renfermait au nord d'importants dépôts de minerai de fer. Il s'agissait de s'intégrer verticalement et de garder donc le profit se rattachant à la production de boulettes de fer extraites du minerai de fer à l'intérieur de Sidbec, tout en créant des emplois sur la côte nord. Jacques Parizeau, toujours aussi omniprésent, a convaincu le président de Sidbec d'alors, Jean-Paul Gignac, de se lancer dans la production du minerai de fer par la création de Sidbec-Normines.

Un gigantesque investissement de près de 700 $ millions a été fait au lac Jeannine pour aménager une ville complète et les installations nécessaires à l'extraction et à la production du minerai de fer. La participation de Sidbec était de 50 %, le reste étant partagé entre British Steel et U.S. Steel.

Malheureusement, le monde entier, dont le Brésil, l'Australie et certains concurrents canadiens, pouvaient produire du minerai de fer et des boulettes à meilleur compte que Sidbec. Il y a vite eu une surproduction mondiale qui a plongé l'investissement du lac Jeannine en position fortement déficitaire, particulièrement vers 1982. De guerre lasse, en 1984, le gouvernement québécois a indiqué à Sidbec qu'il ne financerait plus son déficit. Sidbec a dû fermer sa mine du lac Jeannine et démanteler toutes les installations. Coût total de l'opération : 343 $ millions, financé grâce à une garantie de la province de Québec. Celle-ci continue à entretenir la fiction d'accepter le dépôt annuel à l'Assemblé nationale des états financiers de Sidbec, qui n'a aucun actif mais un emprunt de 343 $ millions financés à même les fonds publics.

Après l'effacement de cette dette, Sidbec-Dosco a enfin pu faire des profits après bien des années de vaches maigres. Le gouvernement du Québec a donc hérité au complet de l'emprunt de Sidbec contracté pour l'investissement au lac Jeannine, sans compter l'absorption par l'État de près de 50 $ millions de perte annuelle de 1977 à 1984.

Au 31 décembre 1990, l'investissement du gouvernement dans Sidbec-Dosco s'élevait à 233 $ millions. Cela veut dire que l'État a engagé au fil des années près de 1 $ milliard dans cette société. Au début du mois de mai 1993, curieusement, Sidbec ne pouvait produire son rapport annuel ni pour 1991 ni pour 1992. En juin 1993, Sidbec a annoncé une perte de 119 $ millions pour l'année 1991, ce qui a effacé les profits des 5 années précédentes. Selon des sources dignes de foi, les pertes pour 1992 s'élèveraient à plus de 100 $ millions; Sidbec s'attend à subir à nouveau des pertes en 1993. Cette société d'État possède aussi un privilège inusité : celui d'être exempte d'impôts corporatifs tant canadiens que québécois. Si, un jour, Sidbec se mettait à rapporter beaucoup d'argent...

LA SOCIÉTÉ DE DÉVELOPPEMENT INDUSTRIEL DU QUÉBEC (S.D.I)

Mission : *«Favoriser le développement économique du Québec. Principal bras financier du gouvernement en matière d'intervention économique, la Société a participé au développement et à la modernisation d'une grande partie de la structure industrielle du Québec.»*

Cette société, où j'ai été administrateur de 1976 à 1979, prend la relève là où la Banque fédérale de développement s'arrête. La S.D.I. fait un travail énorme de financement d'entreprises et cette somme de travail s'est accrue du fait de la récession. Il est évident que, sans la S.D.I., de nombreuses entreprises auraient fait faillite.

Finalement, et je cite le Rapport annuel 1992, «La S.D.I. peut intervenir, sous la forme de prêts, de garanties de prêts ou d'achat de capital-actions, afin de contribuer, à la demande du gouvernement, à la réalisation de projets majeurs. Ces mandats gouvernementaux, confiés à la S.D.I en vertu de l'article 7 de sa loi constitutive, visent à combler des besoins financiers de projets jugés stratégiques pour le développement économique du Québec».

Grâce à cet article, tout prêt de plus de 1 $ million doit être approuvé par le conseil des ministres. Cela permet aux politiciens de faire des interventions stratégiques dans les décisions de cette société. On se rappelle que la S.D.I a accordé en 1989 un prêt de 50 $ millions à Steinberg et un autre prêt sans intérêt, encore plus important, de 150 $ millions à Domtar. En mars 1992, ce dernier prêt a été converti en 150 $ millions d'actions privilégiées C.

Par sa structure même, la S.D.I est donc soumise à l'égide politique. La contribution financière du gouvernement le démontre amplement. Selon le rapport annuel de 1992, l'État québecois se porte garant (hors bilan) de 764 $ millions d'emprunts contractés par des clients de la S.D.I., de 83 $ millions de contributions remboursables et de 410 $ millions de participation garantie, pour un total de 1257 $ millions.

La dette à long terme garantie par le gouvernement du Québec s'élève à 789 $ millions, les avances du gouvernement du Québec à 284 $ millions et les revenus reportés et dotation du gouvernement du Québec, à 46 $ millions. Total des garanties gouvernementales de toutes sortes : 2376 $ millions.

Le total des engagements du Québec au 31 mars 1992 ne comprend pas la somme de 133 $ millions dans différents programmes d'aide au financement des entreprises, de pertes anticipées de 73 $ millions et de garanties gouvernementales au montant de 348 $ millions.

Du temps où j'étais administrateur de cette société, entre 1976 et 1979, il y avait tellement de dossiers que l'on était obligé de se fier presque entièrement aux plans d'affaires et au budget projeté fournis par les P.M.E., puisque les analystes étaient littéralement débordés par le nombre de dossiers. Depuis ce temps, les choses ont été améliorées, mais la récession de 1989 a créé un surcroît de travail pour le personnel de la S.D.I., à cause des anciens financements en difficulté.

C'est pourquoi la S.D.I. utilise de plus en plus de conseillers externes pour fournir un rapport recommandant le financement afin d'alléger la charge de travail des analystes internes. Comme ces conseillers externes sont payés par l'entreprise espérant avoir un financement, il est probable qu'il n'y ait pas souvent de rapport négatifs fournis à la S.D.I. par ces conseillers extérieurs.

Le rôle de la S.D.I est essentiel à l'économie du Québec, mais l'ampleur de l'implication politique et financière du gouvernement est trop peu connue du public.

SOQUIP

Fondée à la fin des années soixante-dix, Soquip (Société québécoise d'initiative pétrolière) a eu comme mission initiale d'aider le Québec à devenir moins dépendant des importations de pétrole. Pour cela, sa mission était de se livrer à l'exploration des bassins propices aux hydrocarbures.

Soquip était présidée par Bernard Cloutier, un ingénieur avec une certaine expérience pratique à Paris au service d'une multinationale pétrolière. Soquip a tenté durant les années soixante-dix et quatre-vingts d'évaluer le potentiel en hydrocarbures du bassin du Saint-Laurent. La société a aussi évalué le potentiel de Gaspé, où il y avait eu certaines indications historiques de la présence de pétrole, datant de la découverte du Canada par Jacques Cartier.

La géologie du Québec n'étant pas celle de l'Alberta, ces projets d'exploration pour les hydrocarbures se sont soldés par des échecs successifs. Seule une découverte de gaz près de Saint-Flavien, au nord-est de la ville de Québec, a finalement été commercialisée grâce à des ventes de gaz à une entreprise de briques située dans les environs. Vers le début des années quatre-vingts, la direction générale de Soquip a convaincu le gouvernement québécois de divertir une bonne partie de son budget annuel vers les plaines de l'Alberta. Celles-ci leur paraissaient sans doute plus aptes à l'utilisation des talents d'une organisation comprenant des ingénieurs, des géologues et des géophysiciens. Aussi, vers 1981, on pouvait voir un groupe important de Québécois prenant chaque semaine l'avion à Québec en direction de Calgary pour aller surveiller leur programme d'exploration pétrolière en Alberta. Éventuellement, on s'est rendu compte que ces efforts dirigés de la ville de Québec ne produisaient pas les résultats escomptés. Autour de 1982, Soquip a décidé de s'associer avec Sceptre Resources en échangeant ses propriétés de pétrole et de gaz en Alberta contre environ 10 millions d'actions de Sceptre Resources. L'opération a été menée à terme, grâce à une coordination récente de Soquip avec la

Caisse de dépôt qui, elle, détenait en 1991 plus de 15 millions d'actions de Sceptre, achetées par l'administration de Jean Campeau.

Avec une participation de plus de 20 % détenue par deux agences gouvernementales du Québec, Sceptre Resources est tombé sous le quasi-contrôle du gouvernement québécois, au grand désarroi de Richard Guzella, son président. Celui-ci a démissionné de ses fonctions à la fin de 1991.

Une série d'acquisitions, faites en partie grâce à des emprunts par la haute direction de Sceptre Resources, a rendu celle-ci vulnérable à la baisse des prix du pétrole et à la hausse des taux d'intérêts de la fin des années quatre-vingts. Durant l'année 1991, écrasée par ses obligations, la société a dû restructurer sa dette et renflouer son bilan. En effet, l'investissement dans Sceptre par Soquip ne valait plus alors que 9,2 $ millions par rapport à un coût de presque 52 $ millions. Le résultat de cet effort d'assainissement financier a été bien accueilli par les marchés financiers. Les nouvelles actions de Sceptre ont connu une hausse fulgurante durant les premiers mois de 1993, diminuant ainsi la perte en capital non réalisée sur ce placement.

Malgré tout, on venait d'assister à une autre opération où une intervention bien intentionnée par deux agences gouvernementales québécoises venait de créer une perte considérable. À la fin de 1992, l'investissement dans Sceptre par Soquip avait créé une perte non réalisée de plus de 42 $ millions tandis que la Caisse de dépôt en avait une d'environ 70 $ millions. La hausse du prix en bourse des actions de Sceptre au début de 1993 allait mitiger cette perte collective de 120 $ millions en une perte qui sera certainement moins élevée à la fin de 1993.

L'autre placement important de Soquip est son investissement de 50 % dans Noverco. Cette société possède 100 % des actions de Gaz Métropolitain. L'autre 50 % de Noverco est détenue par la Caisse de dépôt, même si celle-ci n'a pas le droit de posséder plus de 30 % des actions d'une entreprise. Encore une fois nous pouvons voir la coordination des interventions gouvernementales, ce qui permet à deux agences gouvernementales de posséder 100 % des actions d'une société privée.

Le placement dans Noverco s'est certainement avéré profitable pour Soquip qui en retire des revenus importants. Néanmoins, malgré la rentabilité récente de celle-ci, il ne faut pas oublier que l'investissement du gouvernement du Québec dans Soquip a été de 214 $ millions. Et cette somme ne comprend pas les subventions à l'exploration sur le territoire québécois payées par le gouvernement fédéral de 1981 à 1986.

Après plus de 20 ans d'effort, Soquip semble avoir réalisé trois objectifs :

1. La découverte qu'il n'y a pas d'hydrocarbures en quantité suffisante pour une exploitation commerciale au Québec et donc la décision qu'il fallait aller en Alberta pour le trouver.

2. La prise de contrôle, avec la Caisse de dépôt, de la seule société de distribution de gaz naturel au Québec, Gaz Métropolitain.

3. Le démarrage pénible du projet Soligaz, en association avec la S.G.F., qui devrait approvisionner le Québec en gaz naturel et ainsi permettre d'améliorer sa position concurrentielle sur les marchés nord-américains. Cependant, il faudra compter qu'il y aura d'autres subventions requises de l'État québecois pour réaliser Soligaz. Cette entreprise demeure un projet risqué et fortement contesté de la part des écologistes. En effet, on devra construire à la hauteur de Varennes sur le fleuve Saint-Laurent un terminal où s'arrimeront des méthaniers venant d'outremer. Il va sans dire que Soligaz sera toujours une opération a risque et sujette à controverse.[2]

Il faut se demander, entre autres, si cet investissement dans Soquip pour atteindre les objectifs du gouvernement du Québec, a valu un effort financier de 214 $ millions sur 20 ans. On trouve donc au Tableau IX l'étendue de l'effort financier du Québec depuis 1963 dans cinq sociétés d'État parmi les plus importantes.

---

2   Le 17 juin 1993, le premier ministre Robert Bourassa a annoncé la suspension indéfinie du projet Soligaz.

TABLEAU IX

IMPLICATIONS FINANCIÈRES
ESTIMÉES DU QUÉBEC
DANS CERTAINES SOCIÉTÉS D'ÉTAT

(en millions de $)

	Subventions et pertes accumulées	Capital restant	Implication totale
S.N.A. (Asbestos)	338	0	338
Québecair	120	0	120
S.G.F.	150	600	750
Sidbec-Dosco	919	14	933
S.D.I. (*)	206	2409	2615
Soquip (**)	19	195	214
Total	1752	3218	4970

Source : Rapports annuels récents des sociétés concernées.

(*) Note : Ce capital restant est composé de 2376 $ millions de prêts et de garanties du gouvernement du Québec et le reste en mise de fonds initiale.

(**) Note : Ne comprend pas les subventions fédérales accordées à l'exploration pétrolière durant les années 1981 à 1985.

LES SOCIÉTÉS PARAMUNICIPALES
DE LA VILLE DE MONTRÉAL

Motivée par un désir louable de développement économique, la ville de Montréal a créé il y a plus de dix
ans la Sodim, ou Société de développement industriel
de Montréal. Cette société se joint donc à trois autres sociétés paramunicipales oeuvrant aussi dans le domaine
immobilier, soit l'Office municipal d'habitation de Montréal ou la OMHM, la Société d'habitation et de développement de Montréal ou la SHDM et finalement la Société
immobilière du patrimoine architectural de Montréal ou
la SIMPA. Je ne discuterai pas ici du rôle de la CIDEC et
de la CIDEM, deux autres paramunicipales montréalaises
ayant une vocation culturelle et sociale.

Ces sociétés paramunicipales oeuvrant dans l'immobilier sont chacune dotées, évidemment, d'un conseil
d'administration et d'une direction générale bien étof-
fée, le tout se rapportant au président du comité exécutif de la ville de Montréal. La plus importante, la SHDM
ou Société d'habitation et de développement de Montréal a un effectif de 229 personnes et un actif de 336 $
millions; il y a également des emprunts à long terme et
bancaires de 291 $ millions.

Suivants les états financiers les plus récents, soit ceux
du 31 décembre 1992, la SHDM, avec des revenus de
37 $ millions, a obtenu des résultats légèrement défici-
taires malgré un apport considérable de subventions.
Celles-ci sont venues de la ville de Montréal elle-même,
du ministère des Affaires culturelles, de la Société canadienne d'hypothèques et de logement et, finalement, de

la Société d'habitation du Québec. Pour l'année 1991, elles se sont élévées à plus de 25 $ millions.

En 1991, la SHDM a fait l'acquisition du site de la piste de course Blue Bonnets de Campeau Corporation, qui était alors en difficulté financière. Le site est actuellement reloué à l'Hippodrome Blue Bonnets pour un prix nominal afin de faciliter les activités de courses hippiques à Montréal.

Aujourd'hui la situation de la piste de course Blue Bonnets est stagnante, en partie à cause de la récession, mais c'est aussi relié à la situation financière précaire de la SHDM. Aucun développement immobilier n'a été entrepris depuis 1991 sur ce vaste terrain de six millions de pieds carrés et rien ne laisse prévoir un développement immobilier imminent sur ce site.

Il y a fort à parier que cette acquisition de Blue Bonnets aurait pu se faire par une société privée sans l'implication des contribuables martyrs de la ville de Montréal. Ceux-ci y participent involontairement par le biais du financement de la SHDM auprès de leur ville; certains pensent également qu'il y aurait un traitement de faveur vis-à-vis de la SHDM dans l'évaluation municipale, ce qui constituerait une subvention déguisée.

Dans le cas de la Sodim, l'organigramme ferait plaisir à une faculté d'administration universitaire. En plus d'un conseil d'administration de neuf membres, il y a un comité de vérification, un comité exécutif et un directeur général à qui se rapporte quatre directeurs de service. Cette société comptait en avril 1993 un total de 28 employés permanents.

Aujourd'hui, la Sodim a des emprunts de l'ordre de 75 $ millions. Après avoir essuyé un déficit de 6,5 $ millions en 1991, elle en a affiché un autre de 8,6 $ millions en 1992. Selon la Sodim elle-même, le déficit projeté pour l'année 1993 sera de l'ordre de 16 $ millions. Et ceci ne tient pas compte des subventions spéciales de la ville de Montréal, par l'entremise d'un programme d'incitation appelé Procim, qui s'élèvent à environ 3 $ millions par année. Ces subventions sont remises aux locataires s'établissant dans les locaux possédés par la Sodim.

L'excuse donnée pour cette performance est qu'on ne pouvait prédire l'évolution du marché immobilier en 1989 lorsque la plupart des engagements se sont faits. Peut-être, mais qui écope de la note ? Qui va investir dans la rénovation de l'édifice historique à huit étages, le Nordelec, acheté à gros prix par la Sodim à la fin des années 1980 ? Qui va payer pour la démolition de l'édifice de Redpath Industries, aujourd'hui en ruine et qui a été également acheté à la même époque ? Est-ce que pour faire revivre un quartier industriel délaissé de Pointe Saint-Charles, il fallait se lancer avec l'argent des contribuables dans un développement immobilier risqué ? Est-ce qu'un encouragement à l'entreprise privée pour l'inciter à restaurer ces quartiers industriels délaissés, par le biais d'un congé de taxes foncières de cinq à dix ans, n'aurait pas pu atteindre le même résultat sans l'implication d'une société paramunicipale sur laquelle il est très difficile d'avoir un contrôle financier et qui, par surcroît, demeurera à la charge de la ville de Montréal année après année ?

Il faudrait que nos bureaucrates de la ville de Montréal se penchent sur ces questions et donnent aux citoyens une étude comparative des coûts-bénéfices obtenus par les paramunicipales immobilières, dont la Sodim, comparativement à un scénario où l'entreprise privée développerait ces quartiers délaissés grâce à une détaxe municipale.

Quant à la SHDM et à la SIMPA, elles sont les heureuses propriétaires, chacune à 18,75 %, du Centre de commerce mondial qui comprend un hôtel de luxe, l'Intercontinental. Ce complexe immobilier ambitieux a maintenant ouvert ses portes, mais il demeure vide à 40 %. Son promoteur privé initial s'est départi de ses intérêts en vendant sa participation aux deux sociétés paramunicipales lorsqu'il est devenu incapable d'assumer sa part du refinancement de 86 $ millions rattaché à ce centre. Éventuellement en 1993, les deux paramunicipales ont dû refiler l'emprunt à leur actionnaire, la ville de Montréal, qui a contracté cet emprunt de 86 $ millions grâce à son pouvoir de taxation, gracieuseté des contribuables. La SHDM et la SIMPA sont en bonne compagnie, puisque la Caisse de dépôt possède 45 % de ce complexe immobilier, tandis que l'entreprise privée, représentée par la Canada Life, en possède 17,50 %.

J'estime à plus de 120 $ millions l'implication financière de la ville de Montréal dans ces quatre sociétés paramunicipales oeuvrant dans l'immobilier. De plus, il y aurait des subventions annuelles de l'ordre de 95 $ millions données à ces sociétés afin qu'elles puissent survivre. Un sérieux débat sur cette question du financement des sociétés paramunicipales devrait être amorcé par les citoyens concernés.[3]

TABLEAU X
IMPLICATION FINANCIÈRE ESTIMÉE POUR LA VILLE DE MONTRÉAL DANS QUATRE PARA-MUNICIPALES (AU 31 DÉCEMBRE 1992)

(en millions de $)

Org.	Actifs	Emprunts	Capital et avances	Subventions Montréal	Subventions Québec	Pertes
SHDM	317	291	67	14*	5	13
SODIM	77	77	2	3	-	9
SIMPA	154	141	51	3	-	10(E)
OMHM	136	136	1	7	57	64**
	684	645	121	27	62	96

*Ne comprend pas un montant de 5,7 $ millions de la Société canadienne d'hypothèque et de logement.

** Ces pertes sont équilibrées par des subventions du même montant.

(E) : Estimé

Sources : Rapports annuels les plus récents

---

3   Le 15 juin 1993, le vérificateur de la ville de Montréal a remis son rapport annuel pour l'exercice se terminant le 31 décembre 1992. Dans ce rapport, le vérificateur Guy Lefebvre fait état de gaspillage de plusieurs millions de dollars, d'absence de contrôle et de relâchement généralisé dans plusieurs programmes ou services municipaux. Celui-ci remarque aussi que l'acquisition par la SHDM du site Blue Bonnets en 1991 s'est fait sans accord préable du Conseil municipal de la ville de Montréal.

«Keep government out of business
and leave government
in the business of governing.»
(Proverbe américain)

LES ENTREPRISES D'ÉTAT, CONCLUSION

Nous avons pu voir que les incursions gouvernementales dans l'économie du Québec par l'entremise de sociétés d'État se sont souvent transformées en échecs retentissants. Et cela malgré le succès mitigé de certaines sociétés d'État plus modestes, comme Soquem par exemple, qui est sans doute l'exception qui confirme la règle.

L'État n'a pas de ressources suffisantes pour faire face aux appels de capitaux nécessaires à l'expansion et la modernisation des entreprises possédées par l'État québécois. De plus, l'État, par la nature même des mécanismes politiques qui font élire un gouvernement, ne peut ou ne veut pas prendre les mesures draconiennes de redressement qui s'imposent en ces temps économiques difficiles.

La leçon cruciale à tirer de l'aventure interventionniste durant les trente dernières années des sociétés gouvernementales québécoises est que l'État est fait pour gouverner et non pour gérer des entreprises. On a voulu compenser notre absence collective des leviers économiques, ce qui était louable. On a malheureusement transformé les contribuables du Québec en actionnaires involontaires. Ce sont eux qui en payent maintenant la note.

111

Ce dirigisme économique, qui s'inspirait d'une expérience française encore plus malheureuse que la nôtre, nous a distrait des priorités, cent fois redites, de l'éducation, de la santé et des infrastructures du pays.

On devrait entreprendre un effort sérieux de vente des sociétés d'État, sauf évidemment la Société de développement industriel du Québec (S.D.I). Ce serait une façon de créer des ressources financières pour diminuer la dette québécoise ou aider au déficit budgétaire du pays. Une vente servirait à stopper de nouveaux engagements financiers envers ces sociétés qui ont besoin d'apports de capitaux d'une façon quasi permanente.

Ma recommandation s'applique encore davantage à la ville de Montréal. Cette municipalité se débat dans une situation de déclin économique tout en supportant quatre sociétés paramunicipales qui oeuvrent dans l'immobilier. Mes conseils valent aussi pour le Canada, qui a connu aussi la valse des milliards, avec en tête le désastre de Pétro-Canada accompagnant la Politique canadienne de l'énergie (N.E.P.) de 1980.

APPENDICE

Dans le contexte budgétaire difficile où le Québec se débat, Roland Parenteau, ex-directeur général de l'École nationale d'administration publique (ENAP), a fait récemment une révélation fracassante.[4] Selon lui, il y a 6000 professionnels de trop à l'emploi de l'appareil d'État québécois. La masse salariale attribuée à ces emplois serait de l'ordre de 300 $ millions.

Dans cet ordre d'idées, il est fascinant de dénombrer les organismes gouvernementaux qui existent présentement, en dehors des ministères. On compte au total 239 organismes différents se rapportant à 29 ministres, incluant le premier ministre, Robert Bourassa. Tous ces organismes doivent avoir un conseil d'administration, un directeur général, des cadres et des employés de soutien, ce qui représente une dépense importante. Il faut aussi prendre en considération évidemment leurs dépenses de location de bureaux et d'administration générale.

Parmi ces sociétés, j'ai fait le décompte de 27 d'entre elles ayant comme objectif l'administration ou la commercialisation de biens et services. Une grande partie de ces 27 organismes pourrait être privatisée sans que les citoyens en souffrent, tout en permettant au Québec d'abaisser son déficit budgétaire.

---

4   *Le Devoir*, 13 mai 1993.

Ce livre traite seulement de six (identifiés d'un asté-risque) des organismes gouvernementaux dont la liste se retrouve au Tableau XI.

TABLEAU XI

LES ORGANISMES GOUVERNEMENTAUX À BUT COMMERCIAL

1. Hydro-Québec
2. Société de développement de la Baie-James
3.* Société nationale de l'amiante (S.N.A.)
4. Société québécoise d'exploration minière (Soquem)
5.* Société québécoise d'initiative pétrolière (Soquip)
6. Institut Armand-Frappier
7.* Sidbec
8.* Société de développement industriel du Québec (S.D.I.)
9. Société des alcools du Québec
10.*Société générale de financement du Québec (S.G.F.)
11. Société des industries culturelles
12. Société d'habitation du Québec
13. Société immobilière du Québec
14. Société parc-auto du Québec métropolitain
15. Société de radio-télévision du Québec (Radio-Québec)
16.*Caisse de dépôt et placement du Québec
17. Société des loteries du Québec

18. Société de récupération, d'exploitation et de développement forestier du Québec (Rexfor)[5]
19. Société du port ferroviaire de Baie-Comeau
20. Société des traversiers du Québec
21. Office du crédit agricole du Québec
22. Société québécoise d'initiatives agro-alimentaire (Soquia)
23. Corporation d'hébergement du Québec
24. Société des établissements de plein air du Québec
25. Régie des installations olympiques
26. Société du Palais des congrès de Montréal
27. Société québécoise des pêches

Source : ministère du Conseil exécutif, le 14 mai 1993.

---

5   Cette société a annoncé en 1992 une perte de 75 $ millions qui comprend des frais reliés à la fermeture d'une usine de pâte à Port-Cartier, Québec. Ce montant ne comprend pas les pertes de la S.D.I. sur les prêts d'environ 50 $ millions ni les subventions du Québec ayant été accordées à cette usine.

CHAPITRE III
LES SUBVENTIONS

L E QUÉBEC, RIVALISANT DEPUIS LONGTEMPS avec l'Ontario et, depuis peu, avec l'ensemble des États-Unis pour la localisation de nouvelles industries, est forcé d'accorder des subventions aux sociétés qui s'implantent sur son territoire afin de renforcer son économie et pour faire face à la concurrence nord-américaine. Les montants de ces subventions, tant du côté fédéral que provincial, représentent une proportion importante des investissements des sociétés. De plus, si on y ajoute les prêts à taux d'intérêt subventionné faits par la Société de développement industriel du Québec, les sociétés qui s'implantent au Québec peuvent recevoir jusqu'au tiers de leur investissement en subventions de toutes sortes. Les grandes sociétés multinationales sont souvent passées maîtresses dans l'art de créer un climat de surenchère entre les régions qui tentent d'attirer les nouvelles implantations d'entreprises. Malheureusement, les contribuables québécois font souvent les frais de ces implantations.

Plus les régions sont impopulaires auprès de l'industrie cherchant un emplacement, plus les commissaires industriels doivent promettre de fortes subventions. En plus de leur consentir des ristournes de taxes municipales, les municipalités vendent des terrains à ces mêmes industries à des prix dérisoires.

Comment diminuer les subventions requises pour attirer l'implantation de nouvelles entreprises ? Pour le savoir, il faut d'abord diviser les implantations en deux types : celles faites par l'industrie locale et celles faites par les multinationales contrôlées la plupart du temps par des capitaux étrangers.

L'industrie locale est majoritairement composée de P.M.E. qui connaissent le Québec et qui y ont leurs racines. Les montants de subventions que ces sociétés obtiennent sont plutôt modestes. Surtout par rapport à celles exigées par les grandes entreprises souvent multinationales qui composent la deuxième catégorie. Cette dernière catégorie exige en fait la part du lion du montant total des subventions en ce domaine, puisque la plus importante partie des investissements faits au Québec vient des grandes multinationales, surtout américaines. Et cela malgré le souhait de nos hommes politiques qui voudraient bien que les P.M.E. prennent le relais en assumant une plus grande partie de ces investissements.

Le Québec a su profiter de sa proximité géographique avec les grands centres industriels du Nord-Est américain. Traditionnellement, les entreprise multinationales américaines ont été responsables d'une part prépondérante des investissements faits par le capital non-québécois.

Comment attirer ces multinationales américaines sans devoir subventionner par nos impôts une portion indue de leurs investissements ?

Vers la fin des années soixante, le magazine américain bien connu *Fortune* a publié une étude élaborée provenant d'une enquête faite auprès des cinq cents plus grandes sociétés américaines quant aux raisons qui les motivaient à localiser une usine en un endroit particulier.

Une quinzaine de facteurs étaient donnés, dont les plus évidents, tels la proximité des marchés, la présence des infrastructures modernes de transport, une main-d'oeuvre éduquée et qualifiée, etc. Tous ces facteurs collectivement avaient un poids important dans la décision d'investir, mais le plus important était le suivant, inscrit comme suit dans l'étude de *Fortune* : «*Suitability of location for the executives and their family*», ce qui se traduit approximativement par «une localisation qui convienne aux dirigeants de la société et à leur famille».Ce facteur humain est donc le plus important de tous les facteurs «matériels» visant à influencer les décideurs américains et sans doute aussi les décideurs canadiens et européens.

N'oublions donc pas ce facteur lorsque nous tentons d'attirer les capitaux au Québec, et en particulier dans la région de Montréal. La perception et la publicité négative créées par l'introduction des règlements québécois sur la langue ont plus qu'annulé les efforts que le Québec avait faits pour attirer les industriels étrangers. (Voir le chapitre VI intitulé «Québec Inc. et le dirigisme linguistique».)

HYDRO-QUÉBEC ET LES SUBVENTIONS

Au fil des années après la nationalisation en 1962 des sociétés d'électricité privées, Hydro-Québec est devenu un colosse grâce à l'ampleur de ses projets à la baie James. Cette société se targuait d'avoir des coûts de génération d'électricité parmi les plus bas en Amérique du Nord. En plus de fournir de l'électricité à bon compte à sa population, on a créé dans les années quatre-vingts une nouvelle mission pour Hydro-Québec : celle de promoteur industriel.

Cette mission a consisté à signer des contrats à rabais auprès des grands utilisateurs industriels d'électricité a condition qu'ils installent leurs nouvelles usines sur le territoire québécois. Cette nouvelle stratégie semblait brillante puisque l'exportation massive de notre électricité aux États-Unis grâce à des contrats d'importance apportait moins de retombées économiques que l'implantation de nouvelles usines. Aussi, vers la fin des années quatre-vingts, Hydro-Québec a contracté des ententes à long terme avec certaines sociétés. Celles-ci stipulaient qu'on leur vendrait l'électricité à des taux minimaux qui seraient ajustés proportionnellement à la hausse du prix venant du produit fini, en l'occurrence l'aluminium et le magnésium.

Deux événements cependant ont fait déraillé cette stratégie :

1. Un concurrent américain de Norsk Hydro (l'une des bénéficiaires d'une entente spéciale) s'est plaint que cette dernière obtenait son électricité à des prix subventionnés. L'information au sujet de ces tarifs préférentiels

était contenue dans les contrats secrets dévoilés en 1992 par Robert Libman, député québécois et chef du Parti Égalité. Le département américain du Commerce a donc établi un droit compensatoire et antidumping de 80 %, plus tard rabaissé à 38,94 % contre les importations de magnésium provenant du Québec.

2. Les prix de l'aluminium et du magnésium ont baissé de plus de 35 % entre 1988 et 1992, ce qui a empêché Hydro-Québec de hausser ses tarifs découlant de ces contrats à risques partagés.

À la fin de 1992, Hydro-Québec avait signé treize contrats secrets à escompte au prix de 0,015 $ du kilowattheure contre un coût pour Hydro-Québec de 0.024 $ du kilowattheure. Pendant ce temps, le tarif régulier pour un grand utilisateur était de 0,032 $ le kilowattheure.[1]

De source bien informée, nous avons appris qu'il est possible qu'Hydro-Québec soutienne un manque à gagner de l'ordre de 3 $ milliards de 1987 à 2010 si le prix des métaux ne se rétablit pas en proportion avec les taux d'inflation canadiens. Le prix actuel de l'aluminium, à 0,60 $ la livre, est très en-dessous de la formule «secrète» et il faudrait que le prix du métal monte à plus de 1 $ la livre pour qu'Hydro-Québec cesse de subventionner les producteurs d'aluminium.[2]

Nous devons nous demander si c'est vraiment le rôle d'Hydro-Québec d'accorder des subventions en vendant

---

1   *The Gazette*, le 20 mars 1993.
2   *Le Devoir*, le 1 avril 1993.

l'électricité à rabais afin d'attirer des industries grandes utilisatrices d'électricité, telles que les producteurs d'aluminium. Le Québec risque ainsi d'encourir les foudres des concurrents américains au sujet de l'importation d'aluminium québécois, comme cela a été le cas lors de l'imposition de tarifs punitifs sur l'exportation du magnésium québécois aux États-Unis.

CHAPITRE IV
LES ABRIS FISCAUX

U NE DES CRITIQUES PARTICULIÈREMENT ACERBES de certains chefs syndicaux est l'injustice de notre système fiscal. Pour eux, les avantages fiscaux accordés aux investisseurs produisent des manques à gagner considérables pour l'État québécois et, par conséquent, nuisent aux gagne-petit. Essayons d'éclaircir cette question et de voir s'ils ont raison de faire une telle affirmation.

LES R.E.A.

En 1978, désireux d'accélérer le développement industriel du Québec, Jacques Parizeau, le ministre des Finances, a institué le plan de Régime d'épargne actions (R.E.A.). Ce Régime donnait des déductions importantes allant de 75 % à 150 % (sur la portion québécoise d'impôt) de certains investissements. En effet, des déductions d'impôts provinciaux étaient offertes lorsque les particuliers investissaient dans des sociétés qualifiées «québécoises», comme Bell Téléphone et Consolidated-Bathurst (75 % de déduction) ou Ogivar et Pro-Optic (150 % de déduction). Ces dernières étaient toutes deux des petites entreprises qui n'existent plus aujourd'hui.

Évidemment on s'est aperçu au cours des années que Bell Téléphone n'avait pas vraiment besoin des R.E.A. pour obtenir son capital, mais que si l'on donnait une

123

déduction d'impôts aux particuliers afin d'investir dans Bell Téléphone ou Consolidated-Bathurst, ceux-ci allaient évidemment accepter. On a donc changé l'avantage fiscal vers les années 1988 de 75 % à 25 % pour les grandes entreprises, ce qui a amoindri cet excès de générosité fiscale pour l'entreprise.

Quant aux petites entreprises à risque, la plupart n'aurait jamais pu avoir de financement public sans le mécanisme des R.E.A. Ces sociétés ont en grande majorité piqué du nez, dans le sens boursier et dans le sens fondamental de santé financière. Ces entreprises ont connu presque toutes une fin abrupte après avoir enrichi les courtiers et leurs nombreux conseillers.

Les petites entreprises saines ont mieux profité des R.E.A. On a assisté à de nombreuses émissions publiques d'actions à prix fort qui ont généré du capital à des conditions considérablement plus avantageuses qu'elles n'auraient eu sans l'apport de ce régime. Mais ce système a peu favorisé les investisseurs, qui venaient d'investir leurs épargnes d'impôt en payant des prix par action souvent exorbitants. Ces détenteurs d'actions ont dû attendre de nombreuses années avant de pouvoir finalement récupérer leurs mises de fonds initiales.

En 1979, avant mon départ de la Caisse de dépôt, Jacques Parizeau, alors ministre des Finances du gouvernement du Parti québécois, m'a expliqué sa philosophie des R.E.A. «Nous permettons à un grand nombre de petites sociétés de naître et d'obtenir du capital. Les entreprises québécoises ont toujours été sur-empruntées par rapport aux entreprises ontariennes. Les R.E.A. vont rétablir l'équilibre et assainir leur bilan.»

Finalement, il m'a fait cette déclaration surprenante : «Les hauts salariés paient 10 % de plus sur les impôts personnels combinés fédéral et provincial au Québec qu'en Ontario. Les salariés n'ont qu'à investir chaque année le maximum alloué dans les R.E.A. et ils obtiendront le même niveau d'imposition qu'en Ontario.»

Cette déclaration typiquement «à la Parizeau» démontre le peu d'égard avec lequel il traitait les contribuables québécois en les forçant à puiser dans leurs épargnes pour faire des investissements, pour le moins très spéculatifs, afin d'éviter de payer les niveaux excessifs d'impôts québécois. Il ne lui serait jamais venu à l'idée d'abaisser les taux d'impôt personnel au niveau de l'Ontario[1] tout en donnant une déduction modeste d'impôt aux investissements dans de petites entreprises de façon à empêcher le public d'investir strictement pour des raisons d'épargne d'impôt. En effet, si l'on combine les déductions de 150 % alliées à un investissement dans un R.E.E.R. (Régime enregistré d'épargne retraite), un contribuable qui investit dans une société qualifiée, peut réduire le coût réel de son investissement à presque rien, gracieuseté de Revenu Québec en grande partie et de Revenu Canada pour le reste.

La grande majorité des entreprises ayant bénéficié des R.E.A., dans une proportion de 90 %, n'existe plus aujourd'hui. Plusieurs analystes dont Hubert Marleau, pré-

---

1   De 1982 à 1985, les écarts des taux d'impôt se sont agrandis encore par rapport à 1979 pour atteindre plus de 20% de différence entre le Québec et l'Ontario (Voir Tableau XVIII).

sident de Marleau, Lemire inc., affirment que ceux qui restent auraient pu se financer sans le mécanisme des R.E.A. Il y a donc eu perte d'impôts pour le gouvernement du Québec et perte de capital pour de nombreux investisseurs.

Voici au Tableau XII les montants investis dans le régime des R.E.A. depuis sa création, ainsi que le coût en impôt pour l'État québécois.

TABLEAU XII

SYNTHÈSE DES PRINCIPALES DONNÉES RELATIVES AU RÉGIME D'ÉPARGNE ACTIONS

1. De 1979 à 1985

(en millions de $)

	1979	1980	1981	1982	1983	1984	1985	TOTAL
Valeur des placements	109	150	248	214	766	716	1 273	3 476
Coût du régime pour L'État	15	31	36	53	145	160	194	634

2. De 1986 à 1992

(en millions de $)

	1986	1987	1988	1989	1990	1991	1992	TOTAL
Valeur des placements	1 746	553	403	167	275	241	735	4 120
Coût du régime pour L'État	127	50	30	12	13	40	91	363

TOTAL 1979-1992

Valeur des placements	7 596
Coût du régime pour L'État	997

Source: Commission des valeurs mobilières du Québec

127

Nous pouvons donc voir que le coût du Régime d'é-
pargne actions pour l'État québécois a été 1 $ milliard
depuis sa création. Est-ce que ce manque à gagner de
1 $ milliard a été compensé par une activité économi-
que compensatrice ? Est-ce qu'il aurait été plus produc-
tif pour la collectivité d'abaisser le taux marginal
d'impôt québécois, qui se situait entre 1979 et 1985 à
plus de 62 % afin d'attirer les capitaux? Je laisse aux lec-
teurs le soin de répondre à ces questions.

LES FILMS

Il est probable que certains scandales reliés à l'industrie cinématographiques soient prédestinés, étant donné
qu'on accorde une très considérable latitude aux promoteurs de ces abris fiscaux. En plus, la complexité inhé-
rente à l'industrie de l'image rend extrêmement difficile
un contrôle serré des dépenses fiscales engagées. Les us
et coutumes de cette industrie rendent possible la non
rentabilité permanente d'un film à grand succès puisque
les frais de gestion, de mise en marché et de publicité
semblent augmenter en proportion des revenus bruts.

Au Canada, en plus des généreuses déductions fiscales consenties (100 % de l'investissement), il y a possibilité d'augmenter son investissement dans le domaine
de la production cinématographique grâce à des emprunts garantis par des pré-ventes. Nous pouvons donc
arriver à des déductions fiscales d'au-delà de 200 %, ce
qui garantit à l'investisseur un rendement positif venant
de la seule fiscalité. Finalement, il existe un organisme
fédéral de financement de films qui est habilité à finan-

cer les films par l'entremise de participations en prêts ou en capital.

Les contribuables paient donc très cher le désir de nos politiciens d'aider l'industrie de l'image au Québec et au Canada, face à l'assaut des productions américaines. Néanmoins, le Québec a su se distinguer par des productions plus originales que celles du Canada anglais qui, lui, a tenté d'imiter Hollywood dans ce qu'elle avait de plus commercial.

Pendant ce temps, une partie importante (de 20 % à 25 %) des montants obtenus par des émissions publiques d'abris fiscaux de films disparaissent en frais judiciaires ou administratifs et en paiements de commissions. Ces retombées enrichissent ainsi un petit groupe de privilégiés qui n'ont pas grand chose à voir avec la création cinématographique.

Il serait virtuellement impossible d'éliminer cet abri fiscal puisqu'il est essentiel pour les producteurs de film et qu'il fait vivre beaucoup de gens. Il s'agirait plutôt de veiller à ce que les sommes dépensées par les investisseurs soient allouées de façon correcte par les promoteurs.

TABLEAU XIII

PLACEMENTS REFUGES, SECTEUR DES PRODUCTIONS CINÉMATOGRAPHIQUES ET MAGNÉTOSCOPIQUES

ANNÉE 1986 À 1991

PRODUIT BRUT PROVENANT DU QUÉBEC

(en millions de $)

1986	1987	1988	1989	1990	1991	TOTAL
53	92	151	205	141	36	678

Source: Commission des valeurs mobilières du Québec

Les déductions fiscales obtenues représentent 100 % du total de 678 $ millions.

LES ACTIONS ACCRÉDITIVES MINIÈRES

Les actions accréditives minières sont une invention relativement récente qui date de 1983. Ce système permet à une société minière de faire profiter les investisseurs privés des déductions fiscales extrêmement généreuses accordées aux sociétés minières.

Ces déductions, de l'ordre de 166,33 % pour la portion québécoise de l'impôt et de 100% pour la portion fédérale, font que les contribuables assujettis à un niveau d'imposition de 50 % ne participent guère aux risques. En effet, le rendement venant de l'impôt et de la revente de leurs actions, même à prix faible, leur permettent de rentabiliser la totalité de leur investissement.

Les sommes énormes investies par les contribuables, et partant de l'État, ont permis de découvrir quelques gisements miniers. Le plus connu est sans doute le projet minier de Louvicourt opéré par Aur Resources de Toronto. Ces programmes d'exploration n'ont cependant rapporté que trop peu de découvertes commerciales. Il faut se rappeler que moins de 1 % des projets d'exploration se transforment en gisements productifs.

Selon des observateurs avertis, des abus se sont glissés, aux dépens du ministère du Revenu, quant aux gonflements de certaines factures de frais miniers. Sans les actions accréditives, un projet d'exploration minier coûterait au bas mot 30 % de moins. Les frais miniers augmentent souvent dans la proportion des bénéfices fiscaux accordés.

Il faudrait donc un système de vérification simple qui éliminerait les abus les plus courants tel que les contrats de forages attribués à des sociétés reliées aux actionnaires de l'émetteur et les frais d'administration gonflés grâce à des factures venant de sociétés de gestion affiliées au promoteur. Je suis persuadé que l'on peut encourager l'exploration minière tout en se préservant des abus les plus flagrants.

TABLEAU XIV

FINANCEMENT DE
L'INDUSTRIE MINÉRALE DU QUÉBEC
(ACTIONS ACCRÉDITIVES)

(en millions de $)

1983	1984	1985	1986	1987	1988	1990	1991	1991	1992	TOTAL
43	65	157	288	532	154	73	44	9	18	1 383

Source: ministère de l'Énergie et des Ressources

Ces financements sur 10 ans ont donc créé pour les investisseurs des déductions de l'ordre de 2 $ milliards au niveau des impôts québécois et fédéral.

Les grands gagnants de la création de cette pléthore d'abris fiscaux, soit des R.E.A., des films et des actions accréditives ayant entraîné ces déductions fiscales, ne sont pas toujours les investisseurs ni encore moins les contribuables, mais bien l'armée de promoteurs, de courtiers et de conseillers fiscaux nécessaires à la mise en place de ces abris fiscaux.

CHAPITRE V
LES ABUS DU SYSTÈME

LES ACTIONS NON VOTANTES

U N MEMBRE IMPORTANT DE QUÉBEC INC., Serge Saucier, maintenant président d'une firme de comptables agréés en plus d'être président du conseil d'administration de l'École des hautes études commerciales, a eu la tâche, en 1984, de formuler des recommandations sur la capitalisation des entreprises au Québec.

Dans un document remarquable par sa précision, ce rapport, appelé plus tard Rapport Saucier, a recommandé au ministre certaines mesures pour aider au financement des entreprises. Une chance a été manquée d'aider à corriger une lacune des structures de capitalisation qui permettait à de nombreuses sociétés d'avoir un petit nombre d'actions B votantes entre les mains de l'actionnaire fondateur pendant que le grand public obtenait le plus grand nombre d'actions appelées actions A, mais sans vote ou avec 10 % des votes accordés aux actions B. Il faut dire qu'une amélioration considérable a été consentie aux actionnaires n'ayant pas droit de vote. Ceux-ci devaient obtenir le même prix accordé aux actions votantes en cas de vente de contrôle de la société par l'actionnaire principal. Cette nouvelle clause ne pouvait être rétroactive; les sociétés existantes en étaient donc exemptées.

Il existait déjà certaines vieilles sociétés québécoises, avec une historique de plus de 25 ans à la Bourse de Montréal, qui avaient déjà leur capitalisation classifiée en deux classes d'actions. Une des plus connues était Power Corporation où les actions de fondateur avaient 10 votes par action comparativement à un vote par action pour les actions ordinaires, ce qui a permis en 1968 à Paul Desmarais d'acquérir 51 % des votes de Power Corporation avec une mise de fonds initiale d'un peu plus de 10 % de la capitalisation.

Les deux autres sociétés publiques, maintenant disparues, où des abus flagrants ont été commis étaient les Papiers Rolland ltée et Steinberg inc. Toutes deux avaient des actions classe A sans vote et des actions votantes. Lors de l'achat par Socanav en août 1989 de la totalité des actions A non votantes et ordinaires votantes de Steinberg, Socanav a été forcé de payer aux soeurs Steinberg, qui détenaient la majorité des actions votantes de Steinberg, une prime de 47 % par rapport à la somme de 51 $ par action offerte au grand public, soit 75 $ par action ordinaire. Cette différence, qui allait entraîner des déboursés additionnels de 144 $ millions pour Socanav, allait devenir une des raisons principales qui empêcheraient Michel Gaucher de rentabiliser Steinberg. Ce qui allait entraîner éventuellement la liquidation de cette société.

L'abus le plus remarquable a été créé par l'acquisition par Cascades inc., un des fleurons de l'industrie québécoise, des actions non votantes de Papiers Rolland ainsi que d'une partie importante des actions votantes de celle-ci. En effet, Cascades avait offert en 1989 un prix fort généreux de 20 $ par actions A de Rolland et de 21 $ par action votante B.

Malheureusement pour les frères Lemaire, les dirigeants de Cascades, Lucien Rolland, qui détenait plus de 51 % des votes de sa société et qui avançait en âge, a été intraitable et a refusé de vendre ses actions votantes, ce qui a rendu l'offre pour les actions A caduque. Pendant plus de deux ans, on a assisté à une situation où le propriétaire de près de 50 % des actions votantes d'une entreprise était traité comme un vulgaire petit actionnaire.

Finalement, à la fin de 1992, Cascades a dû s'incliner et payer une prime de 400 % par rapport aux prix des actions A qui cotaient à 5 $ à la bourse, pour les actions votantes B de Lucien Rolland, soit 21 $ l'action.

Une fois de plus l'actionnaire de contrôle avait obtenu le prix fort, pendant que les actionnaires minoritaires allaient languir, et sans doute fort longtemps, avant de retrouver en bourse le prix de 20 $ initialement offert par Cascades pour les actions A.

Après ces deux exemples extrêmes, voyons maintenant la situation plus normale des sociétés inscrites à la Bourse de Montréal qui se sont inspirées du rapport Saucier. Ces sociétés, dont Québecor, G.T.C. Trans-Continental, Bombardier inc., Ivaco inc. parmi les plus importantes, sont toutes affublées d'actions A ayant 10 % des votes des actions B votantes avec cependant une provision qui accorde aux actions A le même prix que les actions votantes recevraient lors d'une vente de contrôle (en anglais *coat-tail provision*).

Cependant, il n'y a rien pour protéger l'actionnaire minoritaire du refus de l'actionnaire de contrôle d'accepter une offre raisonnable d'une tierce partie. Ainsi donc, nous pouvons anticiper un scénario où l'entêtement d'un actionnaire de contrôle pourra empêcher le transfert ordonné d'une société autrefois dynamique à un nouveau groupe désireux d'effectuer un achat global des actions à un prix très favorable aux intérêts des actionnaires non votants.

L'acceptation de fait des actions A et B depuis le rapport Saucier et la bénédiction des organismes de réglementation va créer un problème de transfert de pouvoir qui ne se fera sentir que dans plusieurs années. Les dynamiques entrepreneurs d'aujourd'hui deviendront peut-être des autoritaires entêtés qui ne se résoudront pas à céder leur vote ni leur pouvoir à une nouvelle génération d'administrateurs.

Certains agents de change ou courtiers en placements plus éclairés, refusent de faire des financements pour des compagnies possédant plus d'une classe d'actions ordinaires. Ce système est propre au Québec où il n'existe pratiquement pas d'entreprise contrôlée ici sans les actions à deux classes. Aux États-Unis, où il est presque impossible à la Bourse de New York d'avoir deux classes d'actions, et au Canada anglais, où il est rare d'avoir deux classes d'actions, la question ne se pose pas autant. Les problèmes découlant des deux classes d'actions se manifesteront beaucoup plus tard et il y aura peu de choses que la communauté financière pourra faire afin d'aider l'actionnaire minoritaire privé de vote sur ses actions ou encore n'ayant que 10 % du vote des actions de fondateur.

LES CONSEILS D'ADMINISTRATION

La démocratie est à la mode actuellement et il n'y a pas un jour où nous ne nous félicitons pas d'appartenir à un pays démocrate par opposition à ces pays de l'est de l'Europe ou du Tiers-Monde qui sont encore loin d'une véritable démocratie.

Le système capitaliste a depuis longtemps un mécanisme, en apparence démocratique, d'élections des administrateurs, incluant le président et chef de la direction. Comment sont choisis les administrateurs ? La plupart du temps par le président et chef de la direction qui veut naturellement s'entourer de gens solides ayant eu de l'expérience dans l'industrie et pas nécessairement dans un domaine connexe à celui dans lequel oeuvre la société. Cependant, la tentation est forte aussi de nommer des amis et connaissances qui n'oseront pas contredire le chef de la direction, qui est en même temps le président du conseil d'administration. Peu à peu, surtout si la société en question est importante, le nombre d'administrateurs augmente inexorablement de telle façon qu'il excède souvent quarante personnes, comme chez les grandes banques à charte.

Nous avons ici deux problèmes distincts. D'abord, comment choisir le président et chef de la direction qui, quant à lui, se rapporte à un conseil d'administration ? Et comment se fait le choix des administrateurs qui composent ce conseil d'administration ?

Présentement les actionnaires élisent un conseil d'administration recommandé par le président du conseil qui, la plupart du temps, est aussi chef de la direction. De plus, si les actions se divisent en actions A non votantes et actions B votantes, il va sans dire qu'il n'y aura pas grande opposition à la liste d'administrateurs présentée aux actionnaires pour fin d'approbation lors de l'assemblée annuelle de la société. Comment créer un mécanisme pour que les actionnaires, et particulièrement les actionnaires institutionnels, puissent influencer la direction générale d'une société qui doit en somme se rapporter aux actionnaires de la société ?

La plupart des sociétés, même importantes, combinent la fonction de chef de la direction et président du conseil dans une même personne. Plusieurs grandes sociétés des deux côtés de l'Atlantique ont commencé à scinder la fonction en deux, malgré l'opposition de plusieurs patrons qui trouvent que le principe d'un seul «boss» est préférable.

Mais, justement, nous voulons que le «boss» ait des comptes à rendre aux actionnaires. Le mécanisme idéal est de nommer un administrateur respecté qui puisse accomplir la tâche de président du conseil d'administration et être capable d'exprimer auprès du chef de la direction les inquiétudes des actionnaires avant qu'un désastre n'arrive.

Quant à la taille d'un conseil d'administration, il a été démontré que le nombre optimum permettant une discussion valable est d'environ douze personnes. Passé ce nombre, il n'y a vraiment pas de possibilité que tous les administrateurs puissent vraiment se faire entendre et surtout s'opposer à des projets proposés par la direction. Le plus grand nombre d'administrateurs se trouve à l'intérieur des grandes banques à charte canadienne (parfois jusqu'à quarante). Ceux-ci n'ont certainement pas eu la chance ni le temps lors des assemblées de leur conseil d'administration d'examiner à fonds les prêts massifs faits aux promoteurs immobiliers durant les années quatre-vingts.

D'après William E.F. Turner, ancien président et chef de la direction de Consolitaded-Bathurst Inc. et présentement président du conseil de Canadian Marconi, il est très difficile d'avoir des discussions fructueuses autour d'une table de conseil d'administration s'il y a plus de douze personnes présentes.

Pour compenser ce manque interne d'efficacité on a inventé, surtout dans les grandes sociétés, un comité exécutif composé la plupart du temps du chef de la direction, du président et de trois autres administrateurs externes. Ceux-ci prennent les décisions importantes et les soumettent ensuite au conseil d'administration pour approbation finale. Il est très rare qu'un conseil d'administration s'élève contre une recommandation du comité exécutif, composé de collègues siégeant aussi au conseil d'administration. C'est pourquoi les conseils d'administration dans la plupart de nos grandes sociétés publiques n'ont qu'un rôle lointain de conseillers et sont souvent utilisés par la haute direction afin d'avaliser les décisions de celle-ci.

En plus, comme la plupart des sociétés publiques de Québec inc. ont une capitalisation composée d'actions A non votantes (ou moins votantes) détenues par le grand public et d'actions B votantes détenues par le président et chef de la direction qui, lui, préside le conseil d'administration, on peut facilement comprendre qu'il sera extrêmement difficile à un ou des membres du conseil d'administration de s'opposer à certains projets proposés par l'actionnaire principal ayant droit de vote prépondérant.

Maintenant que la propriété des sociétés, tant canadiennes que québécoises, est de plus en plus entre les mains du capital institutionnel (c'est-à-dire de ceux qui gèrent nos fonds de retraite, nos primes d'assurance, etc.), il serait de mise que les sociétés tiennent compte de l'opinion du capital institutionnel qui, en fait, doit représenter l'opinion collective des épargnants.

Vers la fin des années soixante-dix, la Caisse de dépôt a tenté un effort louable de communication avec la direction des grandes sociétés. Le mécanisme utilisé a été la négociation avec les sociétés afin d'obtenir une représentation directe au conseil d'administration. Ce mécanisme n'a pas été souvent très populaire puisqu'il y a eu beaucoup de méfiance envers la Caisse, surtout après que celle-ci soit devenue plus politisée après la nomination de Jean Campeau à la présidence. La méfiance s'est accentuée lorsqu'on s'est rendu compte que la Caisse sortait souvent de son rôle de gestionnaire de fonds pour se transformer en conglomérat financier à la Power Corporation. À ce sujet, il serait bon de se rappeler un incident cocasse qui a eu lieu au début du règne de M. Campeau.

La communauté financière canadienne a eu une attaque de panique paranoïaque lorsque la Caisse de dépôt a atteint le pourcentage magique de 9,9 % de propriété des actions ordinaires de Canadien Pacifique (C.P.), le grand conglomérat canadien possédant des intérêts dans à peu près tous les secteurs économiques canadiens; pendant ce temps, Paul Desmarais, avec une participation de 11 % dans C.P. avait entrepris des pourparlers avec Jean Campeau visant à coordonner l'action de Power Corporation et de la Caisse de dépôt, en vue d'une prise de contrôle possible de C.P.

Peu de temps auparavant, soit en 1980, la Caisse de dépôt avait fait savoir qu'elle désirait une représentation au sein du conseil d'administration de C.P. La réponse négative donnée à la Caisse de dépôt a poussé celle-ci à acheter davantage d'actions de cette société. Ce geste a semé la terreur chez nos compatriotes de *l'establishment* anglophone.

Ceux-ci n'étant pas dénués de contacts politiques à Ottawa, ont réussi à faire présenter un projet de loi au Parlement canadien, une loi des plus étranges, la loi S 31, empêchant la Caisse de dépôt d'acquérir plus de 9,9 % des actions de Canadien Pacifique. Malgré le tollé qu'une telle action a provoqué chez les Québécois, qui y voyaient avec raison une réaction protectionniste inacceptable du Canada anglais vis-à-vis du Québec, la loi présentée le 2 novembre 1982 a bloqué effectivement les visées de la Caisse sur Canadien Pacifique. En plus, au grand désarroi de Jean Campeau, son allié Paul Desmarais, propriétaire par Power Corporation de 11% des actions de C.P., s'est déclaré le 23 novembre 1982 en faveur du projet de loi S-31. Jacques Parizeau, furieux, a qualifié ce volte-face d'«aberrant».

La Caisse a donc été forcée d'abandonner ses visées et le gouvernement fédéral, sans le savoir, venait d'empêcher la Caisse de dépôt de faire une autre transaction désastreuse. En effet, les années suivantes n'ont apporté que des déboires à Canadien Pacifique et ses actions en bourse ont décliné considérablement. Peu de temps après, soit en 1987, l'allié potentiel de la Caisse de dépôt, Power Corporation a décidé de larguer sa position importante dans Canadien Pacifique, ce qui a mis le point final à l'aventure.

LA REPRÉSENTATION DES ÉPARGNANTS AUPRÈS DES SOCIÉTÉS

Il est cependant très légitime que le capital institutionnel qui gère nos épargnes s'intéresse à la bonne gestion des entreprises, surtout si celles-ci périclitent comme c'est malheureusement le cas de beaucoup de nos grandes sociétés canadiennes depuis le début de la récession de 1989.

Il n'existe encore aucun mécanisme permettant un «input» auprès des grandes entreprises, sinon l'assemblée annuelle qui devient souvent un exercice plus ou moins efficace de relations publiques. On voit donc l'importance des administrateurs externes (c'est-à-dire ceux qui ne sont pas des employées de la société) pour faire valoir des points de vue impopulaires. À condition que ces administrateurs externes ne siègent pas sur trop de conseils d'administration, ce qui les empêcherait de faire un travail valable. D'ailleurs, ces administrateurs de société devraient être obligés de révéler dans le document annuel appelé «Circulaire de la direction», qu'on envoie à tous les actionnaires de sociétés publiques, les autres conseils d'administration auxquels ils appartiennent.

Il est donc recommandable que la taille des conseils d'administration des sociétés publiques soit réduite à environ douze personnes. Cela éliminerait le besoin d'avoir un comité exécutif et forcerait la tenue de réunions plus fréquentes, créant ainsi une implication plus intense pour les administrateurs. La composition du conseil d'administration devrait donner une majorité aux membres externes plutôt qu'aux employés des sociétés publiques, de façon à éviter la sclérose inévitable qui s'ensuit quand une société n'est pas provoquée aux changements par des administrateurs indépendants de la haute direction. Finalement, dans les grandes sociétés publiques ayant des ventes annuelles de plus de 1 $ milliard, il faudrait qu'il y ait deux personnes se partageant la responsabilité de président du conseil et de chef de la direction, ce qui rendrait ces sociétés plus à l'écoute de leurs actionnaires.

LA RÉMUNÉRATION DES CADRES

Il est normal que les cadres de sociétés publiques soient bien rémunérés ; ce qui n'est pas acceptable, c'est de permettre de cacher le détail de cette rémunération individuelle aux actionnaires en ne révélant que la rémunération globale des dirigeants, soit les cinq à dix personnes qui dirigent une société publique.

Saviez-vous que, pour connaître la rémunération du président de Canadien Pacifique, on doit communiquer avec la S.E.C. (Securities and Exchange Commission) américaine pour se procurer cette information qui est obligatoirement donnée aux États-Unis. Canadien Pacifique possédant des intérêts aux États-Unis, cette société est obligée de se conformer à cette règle de divulgation courante dans ce pays. Cette règle, toutefois, ne s'applique pas au Canada grâce au lobby des grandes sociétés sans doute embarrassées de révéler à leurs syndicats les salaires individuels de leurs officiers supérieurs. Si les États-Unis obligent les dirigeants des sociétés à révéler les salaires des dirigeants sur une base individuelle, il n'en est pas de même ni au Québec ni en Ontario. Un changement, à l'américaine, de cette procédure devra être évidement coordonné entre le Québec et le reste du Canada si nous ne voulons pas créer un exode de la Bourse de Montréal vers la Bourse de Toronto. Une proposition récente de la Bourse de Montréal à cet effet à été soumise aux organismes de réglementation canadiens. Selon cette proposition, les sociétés publiques devront révéler le salaire du président lorsque son salaire dépasse de 40 % celui de son adjoint principal ; c'est un pas dans la bonne direction.

LES OPTIONS D'ACHAT D'ACTIONS

Faisant aussi partie de la rémunération des cadres, il y a les options d'achat d'actions souvent accordées en grand nombre et à des prix d'escompte par rapport aux prix en bourse.

Après bien des débats, il est fort possible que la S.E.C. (Securities and Exchange Commission) américaine ainsi que l'Institut américain des comptables agréés adoptent de nouvelles règles régissant les options d'achats. Lorsque nous apprenons que le président de Walt Disney ou le président de Coca-Cola ont obtenu en 1992 des rémunérations annuelles qui excèdent 50 $ millions, il ne s'agit évidement pas entièrement de salaire mais aussi de participation à un plan d'option qui leur a été accordée il y a quelques années. La bourse a fait des merveilles pour certains de nos dirigeants ; cependant, la réalisation d'option d'achat entraîne fatalement une dilution de l'avoir des actionnaires existants, puisque si M. Eisner, le président de Disney, peut acheter 1 million d'actions de Disney à 10 $ l'action pendant que les actions en bourse se transigent à 42 $, il y a diminution de la valeur des actions détenues par les autres actionnaires. De plus, il est coutumier d'offrir un escompte important sur le prix d'exercice des options à un employé cadre de façon à l'inciter à accepter un poste important ou à demeurer en fonction.

Cet escompte peut aller jusqu'à 15 % du prix initial de l'action inscrite à la Bourse de Montréal, avec en plus, le privilège d'attendre de 5 à 10 ans avant l'expiration de ces options. Ce privilège n'est évidement pas disponible aux actionnaires ordinaires et il est de plus en plus question d'abolir l'escompte à l'achat d'actions puisqu'il implique encore une fois une dilution de l'avoir des actionnaires sans contrepartie véritable.

On devrait recommander l'adoption de l'obligation de révéler les conditions salariales globales des employés cadres des entreprises et le salaire du président individuellement.

De plus, il faudrait que la Bourse de Montréal, la Commission des valeurs mobilières du Québec et l'Institut des comptables agréés entreprennent une étude visant à considérer l'adoption de standards qui tiendraient compte des coûts comptables réels de l'octroi d'options sur les états financiers de sociétés publiques.

Finalement, les organismes de réglementation pourraient se pencher sur le problème des options d'achats accordées à des prix en dessous de la valeur en bourse des actions concernées, ce qui représente à mon avis un abus aux dépens des autres actionnaires.

Le candidat que l'on veut attirer comme président dans une société publique ne devrait s'attendre à une plus-value des actions de sa société qu'à partir du prix en bourse à la date à laquelle on l'a engagé ; plus tard, il pourra encaisser le résultat boursier et capitaliste de ses efforts.

LES ABUS BUREAUCRATIQUES

Tous ceux qui ont fondé des entreprises peuvent vous raconter éloquemment qu'une grande partie de leur temps est passé à remplir des formulaires venant de nombreuses agences gouvernementales. Cette obligation ajoute considérablement au coût d'administration d'une société. Les plus grosses entreprises peuvent évidemment faire face à cette tâche en engageant des employés qui n'auront comme tâche que de remplir les formulaires de façon à se plier aux exigences gouvernementales venant des différents ministères. Les plus petites entreprises, cependant, sont souvent fort éprouvées par les exigences bureaucratiques, en particulier en ce qui a trait aux conditions salariales de leur main-d'oeuvre.

Je veux attirer l'attention sur un abus bureaucratique particulièrement criant qui n'existe nulle part ailleurs en Amérique du Nord. Il s'agit de celui engendré par les décrets de conventions collectives. Ceux-ci, légiférés en 1937 durant la Grande Dépression, ont d'abord abouti à la Loi des salaires raisonnables et, finalement, à la Loi sur les décrets de conventions collectives des années quatre-vingts.

Cette loi réglemente les salaires et les conditions de travail des employés par secteur d'activité. Il existe 22 décrets touchant 16 000 employeurs et 140 000 employés, ce qui représente un partie importante de la main-d'oeuvre québécoise. Les grands syndicats québécois tiennent à cette loi qui représente une forme de négociation sectorielle comparable à celle que les syndicats ont réussi à imposer dans la fonction publique québécoise. Cette loi impose des standards salariaux sur des secteurs entiers de l'économie québécoise tels que la construction, l'habillement, les manufactures de meubles et de fenêtres, etc. Cette réglementation étrangle l'emploi et étouffe l'économie. L'absurdité de ce système est illustrée par le décret de 1992 qui impose aux contracteurs en construction une augmentation de 5 % des salaires, même s'il y a un chômage de l'ordre de 40 % parmi les employés de la construction.

La Chambre de commerce du Québec a démontré le prix économique imposé par ces décrets. Les manufacturiers de vêtements, de meubles et de transformation de bois ont connu au Québec une baisse d'emploi de 15 % durant les années quatre-vingts, pendant qu'en Ontario l'emploi a augmenté de 36 % durant la même période.

Il existe une forme de corporatisme dans ce système où l'on voit des alliances surprenantes entre les associations d'entrepreneurs, les organismes de contrôle gouvernemental et les syndicats d'employés. Ces alliances visent à éliminer la concurrence et à maintenir les vieux privilèges aux dépens de ceux qui veulent travailler.

Demandez à Alain Jacques,[1] propriétaire d'une entreprise d'ébénisterie architecturale qui avait en 1992 60 employés. Les inspecteurs de la Commission de la construction du Québec, aidés par l'Association des entrepreneurs en construction du Québec, l'ont condamné à l'amende. Il a ensuite dû payer des salaires au même niveau que ceux de l'industrie de la construction à ses employés qui travaillaient en usine et qui fixaient des comptoirs sur les murs de ses clients.

Aujourd'hui, son entreprise vieille de 16 ans est en liquidation. Alain Jacques a décidé d'abandonner son combat contre des règlements impitoyables en devenant un simple artisan.

Le Québec, petit pays d'Amérique, a encore les réflexes d'une société bureaucratisée suivant le modèle français. Nous nous devons de diminuer le fardeau administratif des petites et moyennes entreprises qui sont l'espoir économique du Québec. À moins d'un changement profond de ce fatras réglementaire, héritage d'une autre époque, l'économie du Québec continuera à tirer de l'aile.

---

1   *Les Affaires,* le 27 mars 1993.

CHAPITRE VI
QUÉBEC INC. ET LE DIRIGISME LINGUISTIQUE

RAPPEL HISTORIQUE

L A RÉVOLUTION TRANQUILLE, symbole du renouveau politique et économique québécois, a éclaté dans les années soixante avec, comme résultat, un chambardement complet de notre système d'éducation et un renouveau de nos institutions tant dans le domaine de la santé que dans le domaine de l'économie.

Ces années tumultueuses nous ont amené, entre autres, un goût prononcé pour l'intervention de l'État. Ceci est démontré par la création de nombreuses sociétés d'État, telles que la S.G.F., Sidbec et Soquem dans les secteurs industriels et miniers, ainsi que la S.D.I. et la Caisse de dépôt et placement dans le domaine financier. Ces sociétés avaient toutes pour but de canaliser les épargnes des Québécois pour créer des emplois ou afin de rendre les Québécois indépendants du grand capital anglo-saxon. C'était la concrétisation du slogan des libéraux: «Maîtres chez nous.» Cependant, on s'est rapidement rendu compte, après certaines mésaventures dans l'industrie lourde (Marine Industries) et dans l'aciérie et le minerai de fer (Sidbec-Dosco), qu'il y avait un gouffre

149

entre la conception de certains projets industriels par des technocrates bien intentionnés mais inexpérimentés et la rentabilité nécessaire à la survie à long terme de ces entreprises et des emplois s'y rattachant.

Le succès de la nationalisation des sociétés hydroélectriques privées sous l'égide d'Hydro-Québec en 1962 avait engendré une certaine hardiesse au Québec. On semblait oublier, cependant, que gérer un monopole d'État était relativement plus simple que d'opérer une entreprise industrielle faisant face à la concurrence féroce du marché. Aussi, dans ces folles années de 1962 à 1972 où il était encore possible d'emprunter à 5,75 % ou 6 % avec garanties de l'État, on a assisté à d'autres initiatives industrielles, telles que Rexfor et Soquip qui se sont avérées peu heureuses, surtout si l'on tient compte du principe de la rentabilité des investissements financés par les deniers publics. Finalement, en 1977, se justifiant par son programme électoral, le gouvernement québécois a fait l'ultime bourde d'acheter Asbestos Corporation, le symbole d'une industrie déclinante, en payant grassement l'actionnaire majoritaire américain et en n'offrant rien aux actionnaires locaux. Un changement de politique a finalement eu lieu lors du second mandat du Parti québécois. À ce moment, on a assisté à l'introduction d'une politique de privatisation qui s'est continué après l'élection du Parti libéral au gouvernement provincial en 1984.

À la fin de 1966, je venais d'entrer en fonction à la Caisse de dépôt et placement du Québec. Il était évident, pour les dirigeants de la Caisse, qu'un goût prononcé de dirigisme s'était glissé dans l'esprit des dirigeants politiques du Québec. Ils étaient motivés sans doute par le désir de voir les francophones accéder à des postes de commande et celui de créer ainsi une classe dirigeante de chez nous au lieu de dépendre des anglophones. Ceux-ci, au début des années soixante, représentaient une proportion inacceptable des décideurs économiques. Ceci a entraîné l'élaboration d'une politique industrielle «faite au Québec» par laquelle, malgré le peu de compétences québécoises francophones dans l'industrie, on a réussi à recruter d'excellents candidats qui allaient enfin mettre le Québec sur la voie de la compétence technique et industrielle. On a donc mis l'accent sur le capital humain qui, pour le Québec, était une ressource précieuse par excellence, plus rare que les capitaux que le gouvernement du Québec des années soixante pouvait emprunter facilement grâce à l'endettement national minime contracté par l'ancien régime de Duplessis.

CRÉER LA RICHESSE D'UN PAYS

Les dirigeants politiques du Québec, architectes de la Révolution tranquille, ont conclu qu'un système d'éducation moderne était inséparable d'une croissance économique rapide et partant de l'enrichissement collectif.

À partir d'une société agraire entrée malgré elle dans la révolution industrielle du début du siècle à cause des investissements étrangers, ce mouvement d'industrialisation québécois, ralenti par la Grande Dépression de 1930 et accéléré à nouveau par la Deuxième Guerre mondiale, se devait de continuer à progresser grâce aux compétences de toutes les classes de la société.

On a fait appel aux compétences francophones disponibles pour diriger les entreprises nouvellement créées par l'initiative de l'État. Cela devait alimenter ainsi l'expansion anticipée du secteur privé jusqu'ici dominé presque entièrement par les anglophones. Ceux-ci, et par extension les nombreux immigrants allophones qui se sont joints à la culture anglophone par suite du refus du Québec d'accepter leurs enfants dans le système scolaire français catholique d'avant 1963, possédaient déjà les connaissances requises. En effet, comme les Québécois francophones purent éventuellement le faire lors de la Révolution tranquille de Jean Lesage, ils avaient mis en place les institutions d'enseignement modernes et les traditions d'affaires nécessaires à leur réussite industrielle.

LES DÉBATS LINGUISTIQUES ET CONSTITUTIONNELS

Les longs palabres constitutionnels et les débats sur la nature de la société québécoise de 1961 à 1976 ont créé une situation d'incertitude relative parmi la classe d'affaires anglophone, laquelle représentait une grande part de l'économie en 1960. Cette incertitude, alliée à une crainte de la perte de leurs privilèges, a amené les premières vagues d'émigration hors du Québec des anglophones. Quelques déclarations irritées ont bien été prononcées à l'égard de René Lévesque en 1963 par le président de Noranda Mines, parce que le ministre Lévesque avait traité de «rhodésienne» la mentalité de l'enclave privilégiée de Westmount. Un observateur neutre de cette époque aurait malheureusement conclu à l'inaptitude de l'enclave Westmount à s'intégrer à la majorité francophone. Mais dans l'ensemble, une majorité de la communauté anglophone était prête à composer avec la montée du nationalisme québécois. La langue française a conquis de nombreux adeptes chez les anglophones traditionnellement unilingues.

Après l'élection du Parti québécois en 1976, la situation a changé du tout au tout. Les anglophones au début étaient sympathiques au programme électoral du Parti québécois (une partie importante du vote anglophone est allée à ce parti, en réaction contre la loi 60 du Parti libéral). L'enthousiasme initial s'est vite changé en consternation, surtout après le passage de la fameuse loi 101 en 1977 qui a acquis une valeur de symbole quasi religieux au Québec français. Ici, il faut revenir en arrière et se rappeler que le Parti québécois avait été élu non pas pour ses tendances souverainistes mais bien pour son programme électoral de «bon gouvernement». Une série de mesures de stimulations économiques ont été prises pour créer de nouveaux investissements afin d'abaisser le taux de chômage québécois traditionnellement plus élevé que la moyenne canadienne. Ces mesures, composées de contributions d'investissements soit de la S.D.I. ou de la S.G.F. et de la Caisse de dépôt et alliées à des subventions de toutes sortes, devaient aider à créer un dynamisme économique accru pour permettre au Québec de rejoindre l'Ontario.

Les résultats de ces énormes efforts financiers des contribuables québécois ont été mitigés puisqu'une partie importante des nouveaux investissements ont été faits par de nouvelles entreprises qui n'ont pas pu surmonter la récession de 1981-1982, tandis que les autres l'ont été par de grosses entreprises souvent multinationales qui avaient été attirées au Québec par les bas taux d'électricité ou par des subventions industrielles tant fédérales que provinciales particulièrement généreuses. Mais l'effet le plus pernicieux de ces mesures coûteuses de stimulations économiques, qui comprenaient le Régime d'épargne actions (R.E.A.) et les actions accréditives minières, a été de pousser le taux marginal d'impôt du contribuable québécois en 1978 à près de 68 %, pendant qu'en Ontario ce même taux était de 62 %.

La main droite, qui finançait par les impôts la venue de nouveaux investissements, ignorait que la main gauche était en train de créer une situation qui aurait comme résultat au mieux d'annuler ce que la main droite tentait de faire.

LES LOIS SUR LA LANGUE

Déjà, en 1972, Robert Bourassa avait fait adopter la loi 60 qui avait pour but de favoriser le français dans la vie des citoyens québécois. Cette loi relativement modérée n'a pas eu l'heur de satisfaire les nationalistes québécois qui sentaient que la minorité anglophone était en déroute. Après la victoire du Parti québécois à l'élection de 1976, la fameuse loi 101 a finalement été adoptée en 1977 sans consultation avec les associations d'employeurs et, sans doute avec une certaine satisfaction, sans consultation avec les représentants de la communauté anglophone qui était perçue par certains comme un anachronisme privilégié vivant aux dépens des travailleurs québécois.

Le résultat de l'avènement au pouvoir du Parti québécois et de l'adoption de la loi 101 n'a pas tardé à se faire
sentir. À partir de 1976, le capital humain que le Québec possédait dans ses citoyens de langue anglaise (qui
constituaient une grande partie des hommes d'affaires et
des industriels québécois) s'est mis à fuir vers des en-
droits plus accueillants, tels que Toronto, qui les a reçu
à bras ouverts. Les anglophones avaient maintenant
deux bonnes raisons pour partir: la loi 101 et les niveaux d'impôt sur le revenu devenus nettement plus
élevés au Québec que dans le reste du Canada.

Quant à l'élite francophone, par le biais des écoles privées, elle s'en est bien tirée puisque leurs enfants ont pu
obtenir une connaissance de l'anglais suffisante aux exigences du marché du travail pendant que la masse des
Québécois moins fortunés a été confinée à un unilin-
guisme dépassé.[1]

L'EXODE

Montréal, qui s'enorgueillissait à juste titre d'être le
premier centre de sièges sociaux au Canada, s'est mis à
perdre un à un ses centres de décision. Tout gouvernement aurait fait des pieds et des mains pour empêcher
cet exode de sièges sociaux, créateurs d'emplois haute-

---

1   Nous référons le lecteur à un article par Jean-Luc Migué de
    l'École nationale d'administration publique (ENAP) intitulé
    «Essor du français par la prospérité et le libre choix ou déclin
    par le protectionnisme linguistique» publié dans Le Devoir du
    13 mai 1993.

ment rémunérés. En effet, l'«industrie» des sièges sociaux représente un patrimoine idéal pour un pays et, en l'occurrence, pour une métropole. Avec ses salaires élevés ainsi que la présence de décideurs et de leurs conseillers qui sont par définition à la fine pointe du progrès technologique, les sièges sociaux représentent une richesse plus stable pour un pays que les usines polluantes souvent forcées à faire des mises à pied lors des récessions.

Face à cet exode, le gouvernement du Québec a adopté une attitude passive frisant l'hostilité. L'attitude d'un député péquiste, futur ministre, résume fort bien l'humeur de l'époque. Ce dernier m'a dit en 1977 lors d'une conversation privée après l'annonce du départ de la Sun Life vers Toronto : «Qu'ils s'en aillent. De toutes façons, on fera des lois pour forcer toutes les sociétés opérant en territoire québécois à incorporer un siège social au Québec lorsqu'on sera indépendant.» À mes objections que ces nouveaux sièges sociaux seraient vides de toute substance (dans le sens de n'être que des bureaux de ventes régionaux pendant que les fonctions d'importance seraient à Toronto), il m'a répliqué que «les Québécois s'ajusteraient et que c'était un bien petit prix à payer vers la voie de l'indépendance».

Ainsi donc, cette attitude semi-officielle illustrée par cet aparté a fait que l'on a laissé se dissiper un patrimoine (bien que non francophone) que la ville de Toronto a accueilli à bras ouverts. Celle-ci, ravie, s'apprêtait déjà en 1976 à voler à Montréal le titre de Métropole du Canada.

TABLEAU XV

TENDANCES DE LA MIGRATION DES QUÉBÉCOIS D'EXPRESSION ANGLAISE

	1966-71	1971-76	1976-81	1981-86	1966-86
Du Québec vers le reste du Canada	99100	94100	131500	70600	395300
Du reste du Canada vers le Québec	46900	41900	25200	29000	143000
Résultat net	-52200	-52200	-106300	-41600	-252300
Des autres pays vers le Québec	36900	32900	15400	12300	97500

Source : Termote (1991)

Aucune des mesures qui auraient pu arrêter l'hémorragie qui s'est accélérée à la suite du départ de la Sun Life n'a été prise par un gouvernement qui a choisi, peut-être inconsciemment, de laisser les «Anglais» partir. Plusieurs optimistes entrevoyaient avec satisfaction le remplacement massif des Québécois anglophones occupant les emplois rattachés aux sièges sociaux par des Québécois francophones. On espérait aussi la naissance d'entreprises de chez nous qui prendraient la relève des entreprises quittant le Québec.

La réalité a cependant été très différente. On a bien assisté de 1976 à 1986 à la création et à l'expansion de nombreuses entreprises d'ici. Mais cette expansion aurait eu lieu malgré la fuite des sièges sociaux[2] et Dieu sait ce qu'aurait été la croissance de nos entreprises québécoises sans ces départs. On a assisté aussi à la naissance d'une classe de dirigeants et de décideurs francophones qui ont assumé les postes créés par nos nouvelles entreprises. De plus, d'autres Québécois ont remplacé en partie les postes reliés aux fonctions de bureau régional autrefois occupées par des anglophones. Dans l'ensemble, le résultat a été mitigé et on ne saura jamais ce qu'aurait été la croissance du Québec et de Montréal, sa métropole, avec des politiques visant à encourager la présence de sa communauté anglophone tout en préservant le patrimoine culturel des québécois.

---

2   Parmi les sièges sociaux les plus connus qui ont déménagé à Toronto, citons, entre autres, la Banque de Montréal, Canron, Canadian Aviation Electronics (C.A.E.), Canadian Industries Ltd. (C.I. L.), Dupont et Royal Trust.

TABLEAU XVI

COMPARAISON QUÉBEC-ONTARIO DE LA PROPORTION DE LA POPULATION ET DE LA PROPORTION DU PRODUIT INTÉRIEUR BRUT

ÉVOLUTION DE 1961-1976, 1976-1986 ET 1986-1991

Année	Population, Québec/Ontario %	PIB, Québec/Ontario %
1961	84,33	63,62
1976	75,44	61,00
1986	71,76	57,96
1991	68,38	56,70

Source : Statistique Canada

ÉPILOGUE

DEPUIS CETTE ÉPOQUE (1986), nous avons connu une autre période d'expansion qui s'est terminée malheureusement à la fin de 1989 par une récession qui n'en finit plus. Cela va de pair avec des discussions constitutionnelles qui, elles aussi, s'éternisent. Ce climat politique et économique crée ainsi une incertitude qui ralentit les investissements créateurs d'emplois.

Rien n'a été encore fait pour empêcher l'exode anglophone qui malheureusement ne semble pas se résorber. Les tentatives de Robert Bourassa de modifier la loi 101 par la loi 178[1] en 1988 n'ont fait qu'empirer la percep-

---

1 Dans un discours prononcé à Sainte-Adèle le 29 mai 1993, l'ancien juge en chef de la Cour supérieur du Québec, Jules Deschênes, a affirmé que l'invocation de la clause «Nonobstant» en 1988 par le gouvernement Bourassa afin d'imposer la loi 178, avait créé cinq ans de discorde ainsi que le torpillage de l'Accord constitutionnel du lac Meech.

tion que les citoyens québécois de langue anglaise avaient de leur piètre avenir au Québec. D'après une enquête récente (Locher 1992), les jeunes anglophones, qui ont un taux de scolarisation remarquablement élevé, sont d'opinion à 73,7 % qu'ils seront partis du Québec d'ici 10 ans.

J'en conclus que le déclin économique relatif du Québec par rapport à l'Ontario a coïncidé avec le départ de nos concitoyens anglophones, surtout entre les années 1976 à 1986. Le Québec s'est appauvri à cause du départ des anglophones et des sièges sociaux principalement situés à Montréal. J'estime à plus de 1 $ milliard² par année le manque à gagner en impôt pour le Québec relié au départ de 150 000 anglophones entre 1976 et 1986.

Le gouvernement du Québec, dans un document publié en janvier 1993 et intitulé «Vivre selon nos moyens», illustre cette hypothèse en révélant que : «La proportion des contribuables canadiens à hauts revenus résidant au Québec, qui se situait à 23,9 % en 1976, a chuté fortement pour s'établir à 18,3 % en 1985.» Ceci est en contraste avec le pourcentage de la population du Québec par rapport à celle du Canada qui se situait à près de 26 % en 1985.

---

2   J'établis une moyenne de 35 000 $ de revenus annuels imposables par anglophone ayant quitté le Québec, soit une masse salariale de 5,25 $ milliards à un taux d'imposition moyen de 19 % pour ce qui a trait à la portion québécoise de l'impôt sur le revenu; je ne tiens pas compte du produit de la taxe de vente provinciale qui pourrait augmenter encore ce manque à gagner.

Afin d'expliquer ce phénomène, certains diront qu'il existe une tendance «naturelle» pour un déplacement des activités économiques vers l'ouest. D'autres avanceront que les anglophones ont dû quitter la province pour se chercher des emplois dans une économie plus dynamique. Je leur réponds que Boston et New York, malgré certaines difficultés bien connues, n'ont pas connu cette même tendance dévastatrice qui affecte Montréal. Les anglophones ont simplement quitté la métropole du Québec afin de se trouver un emploi là où l'activité économique avait lieu grâce à l'exode des sièges sociaux de Montréal. À cause de l'effet de multiplicateur, ce déplacement vers Toronto aura eu un effet d'entraînement négatif dans l'emploi de deux à trois fois plus important que le nombre d'emplois perdus directement impliqués.

De plus, l'intervention du Québec dans l'économie par le biais d'incitations fiscales (R.E.A., actions accréditives) et d'investissements étatiques dans l'industrie et dans les installations olympiques de Montréal, surtout entre 1972 et 1984, ont contribué à l'appauvrissement des Québécois. Les pertes fiscales et réelles engendrées par ces investissements ont eu pour effet de majorer les niveaux de taxation par rapport à ceux de l'Ontario et ainsi d'inciter les hauts salariés et leurs entreprises à quitter le Québec. Les sommes perdues nous ont empêchés de réaliser les investissements d'infrastructure nécessaires à une économie dynamique ainsi que de financer notre système d'éducation pour le rendre propice à l'épanouissement d'un Québec moderne.

Dans un monde économiquement interdépendant et dans le contexte du pacte de libre échange tripartite récemment signé par le Canada, les États-Unis et le Mexique, le Québec peut encore agir par un changement en profondeur des lois sur la langue[3] compatible avec la Charte des droits et libertés et en établissant des niveaux de taxation provinciaux et municipaux concurrentiels par rapport à ses voisins canadiens, américains et mexicains.

---

3   Le gouvernement Bourassa, au moment de la rédaction de ce livre, a présenté le projet de loi 86 modifiant la Charte de la langue française.

TABLEAU XVII
TAUX D'IMPOSITION MARGINAL
D'IMPÔT POUR UN PARTICULIER

(Taux maximum)

	QUÉBEC	ONTARIO	U.S.A.[4]	MEXIQUE
1976	66,41	61,38	50,00	40,00
1977	63,07	61,92	50,00	40,00
1978	67,92	61,92	50,00	40,00
1979	67,92	61,92	50,00	40,00
1980	67,92	61,92	50,00	40,00
1981	67,92	62,78	50,00	40,00
1982	60,40	50,32	50,00	40,00
1983	60,40	50,32	50,00	40,00
1984	60,40	50,32	50,00	40,00
1985	62,40	52,02	50,00	40,00
1986	59,50	55,42	50,00	40,00
1987	56,60	52,53	38,50	40,00
1988	51,10	46,11	33,00	40,00
1989	49,80	47,15	33,00	40,00
1990	50,50	48,23	33,00	35,00
1991	51,10	49,10	31,00	35,00
1992	51,00	49,80	31,00	35,00

Source : Price Financial Services Inc.

---

4   Certains États américains et mexicains ont aussi un impôt personnel qui peut s'élever à environ 6% des revenus imposables.

L'AUTEUR

Pierre Arbour, après avoir obtenu un B.A. en 1956 de l'Université de Montréal et un B.Com. en 1959 de l'Université McGill, a eu une carrière reliée au domaine de l'économie.

En 1962, il est devenu représentant institutionnel et analyste financier pour un courtier en valeurs mobilières.

En 1966, il a assumé le poste de directeur des portefeuilles à revenu variable à la Caisse de dépôt et placement du Québec.

En 1976 il a été promu au poste de directeur conseil en investissements corporatifs dans la même institution, poste qu'il a assumé jusqu'à son départ en 1979.

De 1976 à 1979, en tant que directeur conseil en investissements corporatifs pour la Caisse de dépôt, il est devenu administrateur et a participé à la restructuration financière des sociétés publiques et parapubliques suivantes : Gaz Métropolitain, Horne and Pitfield (Edmonton), M. Loeb (Ottawa), National Drug and Chemicals (Montréal), Place Desjardins, Provigo et Société de développement industriel du Québec.

En 1979, il a quitté la Caisse de dépôt pour fonder Alkebec Inc., une société à capital de risque qu'il préside toujours. Il a été aussi président d'une société publique d'exploration pétrolière de 1979 à 1990.

En 1980, il est devenu membre du conseil d'administration de Consolidated-Bathurst Inc. jusqu'à la vente en 1989 de cette société à Stone Container de Chicago.

Monsieur Arbour est également administrateur de plusieurs sociétés publiques et privées canadiennes et est vice-président de Mexperts Inc., une entreprise de consultation en investissements mexicains.

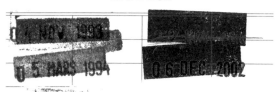
Lithographié au Canada
sur les presses de
Metrolitho inc. – Sherbrooke